Referencia de ilustraciones De María V. Quijano

Pág. 15 La iniciación
Pág. 63 Búsqueda individual
Pág. 91 Búsqueda común
Pág. 139 E-ducere

Catalogación en la publicación – Biblioteca Nacional

Suárez Gómez, Alfonso
    E-Ducere la educación desde la perspectiva de las estructuras
mentales : diálogos sobre los grandes problemas del ser humano /
Alfonso Suárez Gómez, Carlos Eduardo Vasco Uribe. – 2a. ed. --
Bogotá : Editorial Magisterio, 2011.
    p. – (Mesa redonda)

    Incluye bibliografía
    ISBN 978-958- 20-0976-2

    1. Sociología de la educación 2. Filosofía de la educación 3.
Psicopedagogía 4. Objetivos educativos I. Vasco Uribe, Carlos
Eduardo II. Título III. Serie

CDD: 370.19 ed. 20   CO-BoBN– a660748

Alfonso Suárez Gómez
Carlos Eduardo Vasco Uribe

E-ducere
La educación desde la perspectiva de las estructuras mentales

Diálogos sobre los grandes problemas del ser humano

**UNIVERSIDAD DISTRITAL
FRANCISCO JOSÉ DE CALDAS**

Colección Mesa Redonda

E-DUCERE. LA EDUCACIÓN DESDE LA PERSPECTIVA
DE LAS ESTRUCTURAS MENTALES
Diálogos sobre los grandes problemas del ser humano

Autores
©   *ALFONSO SUÁREZ GÓMEZ*
©   *CARLOS EDUARDO VASCO URIBE*

Libro ISBN : 978-958-20-0976-2

Primera edición: 2009
Segunda edición: 2011

©   *UNIVERSIDAD DISTRITAL FRANCISCO JOSÉ DE CALDAS*
©   *Centro de Investigaciones y Desarrollo Científico*
      Carrera 7 No. 40 – 53 P. 3
      www.udistrital.edu.co

©   *COOPERATIVA EDITORIAL MAGISTERIO*
      Diag. 36 Bis *(Parkway La Soledad)* Nº 20-70
      Celular: (+57) 312 4354489
      Bogotá, D.C., Colombia.
      www.magisterio.com.co
      info@magisterio.com.co

Dirección General
ALFREDO AYARZA BASTIDAS

CONTENIDO

Presentación

¿Cuál es el propósito de la educación?, ¿Qué sentido y qué implicaciones tiene todo esto que hoy estamos denominando educación?, ¿Cuál es el papel de lo individuos y de las comunidades en la educación?, ¿Cómo liberarnos de la dependencia mientras estamos viviendo en sociedades que usan la educación como un mecanismo de amoldamiento de los individuos?, ¿Cómo puede la mente ir más allá de su condicionamiento?

En esta etapa de nuestro viaje de autodescubrimiento, proponemos al lector que, respondiendo por sí mismo estos interrogantes, participando personalmente, realizando su propio viaje, involucrándose, nos ayude a encontrar nuevas posibilidades para estos interrogantes. Para todo esto, el texto aquí presentado quiere servir de acompañamiento en esta investigación, en la cual buscamos coincidencias, así sean expresadas en diferente lenguaje, que nos digan si hay *algo* que sea común a la gran mayoría de los seres humanos (¿a todos?).

Nuestro interés es el de adentrarnos en algunos de los problemas más importantes que tiene cualquier sociedad como son:

1. ¿Cómo formar individuos autónomos, creativos, transformadores, aptos para la invención, honestos, y en última instancia, capaces de prever los cambios en una sociedad en rápida mutación, de tal forma que puedan escoger, aprovechar y potenciar las modificaciones más convenientes para sí mismos y para la sociedad a la que pertenecen?
2. ¿Cómo formar comunidades autónomas, creativas, transformadoras de su realidad, con capacidad de cooperación entre sus miembros y con otras comunidades, capaces de prever sus cambios y direccionarlos para buscar un mejor estar tanto de sus miembros como de todos los que se sientan afectados por sus decisiones y acciones?

Se trata de que el lector-investigador, responda estas preguntas por sí mismo, antes de adentrarse en la lectura. Mejor si lo hace por escrito, puesto que éstas serán una especie de marcas que debe ir dejando para saber dónde empezó su viaje, para poder darse cuenta si está yendo en círculos o si está avanzando y qué tanto. Nuestra pretensión no es que el lector nos crea o no, que nos acepte o nos rechace, sino simplemente la de contar con él como nuevo dialogante, para que así podamos contar cada vez con un mayor número de seres humanos que, como tales, nos acompañen en este viaje de autodescubrimiento, en este viaje de investigación, en el que, al incrementar el número de los viajeros, esperamos, se aumenten las posibilidades de resolver los problemas de la mente y, con ellos, los del ser humano y de la sociedad.

De acuerdo con lo anterior, en nuestro caso, después de mucho trabajo y tiempo, logramos aproximarnos a estos interrogantes

que nos pusieron en contacto con factores cruciales en esta búsqueda de lo que somos como personas, de lo que podemos ser, de
lo que seremos con, y sin estos elementos. Estos y otros factores
que fuimos encontrando, nos dieron luces fundamentales para ir
mejorando nuestra comprensión de lo que ha sido, lo que es, y lo
que puede ser la sociedad con, y sin estos elementos que, como
lo hemos ido corroborando, podrán ser muy valiosos en la conti-
nuación de esta búsqueda.

¿Hay coincidencias entre usted y nosotros? El lector lo dirá. Las
respuestas obtenidas hasta ahora han venido contribuyendo a
afianzar algunos de los presupuestos de la teoría de la construcción
y flexibilización de la estructura mental, y, lo que es más espe-
ranzador, nos han mostrado la importancia de buscar los factores
que son comunes a los individuos y a las comunidades. Si estos
factores personales y grupales se pueden articular en procesos
deliberados y cada vez más amplios, quizás nos permitan ver la
luz al final del túnel.

Parece haber un consenso en que las sociedades que han hecho
los avances más importantes en el conocimiento del mundo que
nos rodea y de su organización social, son aquellas en las que hay
un mayor trabajo en pos de procurarles una mejor educación a las
nuevas generaciones. Hoy, esto ya es un hecho en prácticamente
todas las sociedades, y en ellas hay coincidencia sobre la importancia de la educación y se invierten enormes recursos en ella, pero,
simultáneamente, también hay un gran desconcierto por sus resultados a los cuales muchos le atribuyen buena parte de las falencias
que tienen nuestras sociedades. Existe un descontento general que
reclama nuevos valores, moralidades, conductas, y acciones. Se
pide la recuperación de valores, pero no se dice cuáles, ni cómo
recuperarlos, ya que gracias a los diferentes tipos de estructuras
mentales que manejan los individuos y las colectividades, cada
individuo, grupo de individuos, o sociedad particular, cree que los
valores, conducta, o moralidad a recuperar, son los suyos, tomando

como inválidos los de los demás. Por esto, a través de la historia de la humanidad, y en todos los tiempos se han desencadenado (y se siguen desencadenando) diversos tipos de conflicto tendientes a dilucidar este problema, y a pesar de que no se pueda establecer una Estructura mental tanto individual como colectiva de las cuales se pueda decir: "esta es la verdadera", los seres humanos defienden y han defendido sus estructuras mentales particulares hasta con la muerte.

Sólo a través de la percepción, sin distorsión, de la realidad, y en la comprensión del proceso total de la vida, en todo lo que ésta significa, con todo lo que ella implica, podremos descubrir qué es lo real. Por tanto, en el caso de los individuos, solamente cuando cada uno, por sí mismo, comience a percibir su estructura mental (cualquiera que posea), y a comprenderla en medio del inmenso conflicto, y logre comprender (no solamente a nivel intelectual) las causas de ese conflicto y por tanto su falsedad, sólo así descubrirá qué es la verdad y por tanto habrá logrado nuevas estructuras mentales que, aunque sean cambiantes, sus poseedores, si son conscientes, en relación con los elementos implicados en su proceso de formación y en relación con las causas que llevan a sus cambios, estarán mejor preparados para contribuir a realizar los cambios que tantas y tantas generaciones han deseado pero que hasta la fecha siguen siéndonos esquivos.

En la percepción clara de lo anterior ya se empieza a encontrar una vía de acción, cual es, que es necesario buscar el conocimiento y comprensión de las estructuras mentales por parte de sus poseedores, así como las razones y motivos implicados en los cambios o construcciones subsiguientes. Esto implica un ir descubriendo todos los elementos involucrados en la Estructura mental vigente, como en los procesos constructivos que generarán las nuevas estructuras, de tal manera que éstas surjan con pleno conocimiento del por qué y para qué se realizan. En otras palabras, con plena conciencia de las causas y los elementos de producción de dichos cambios. Debe quedar claro que la construcción de estas estructuras mentales sólo se da cuando hay plena conciencia de las causas y efectos que producen los cambios, y que la plena conciencia no se refiere a una aparente comprensión intelectual de lo aquí involucrado, sino a una comprensión, que no sólo es coherente con la acción, sino consecuente con la misma a la cual llamaremos *comprensión actuante*.

¿Cómo se puede lograr el cambio de estructuras mentales?

No existe una secuencia de pasos al final de los cuales se pueda decir que, si estos se han cumplido correctamente, se habrá logrado la transición de Iestructuras mentales a estructuras mentales. Sin embargo, tampoco tiene que ser un proceso aleatorio, como hasta el presente se ha considerado a todos los niveles. Tampoco las estructuras mentales inconscientes son misteriosas, ni sagradas, ni en ellas hay algo que deba temerse. No se requiere de un especialista para que establezca una interrelación más armónica entre la Estructura mental consciente e inconsciente, o establezca un puente entre ellas. El cambio tampoco tiene que ser secuencial, es decir que el individuo no siempre tiene que recorrer los diferentes estadios, por el contrario, dependiendo de la forma en que asuma su propio trabajo de investigación y las acciones consecuentes, podrá pasar del estadio 1 al estadio 4 por ejemplo.

Para lograr cambios de estructuras mentales no sirve la disciplina impuesta, la coacción de diversos tipos (ya sea ésta la llamada motivación), ni tampoco diversas prácticas o sanciones. Si fuera preciso indicar un primer paso para lograr lo anterior, diríamos que éste sería el de emprender un proceso para erradicar la contradicción existente entre las estructuras mentales consciente e inconsciente.

La contradicción entre la Estructura mental consciente e inconsciente se da porque la Estructura mental consciente, trata de controlar y manejar, sin éxito, los impulsos y, en general, todas las manifestaciones de la Estructura mental inconsciente.

Ya que la Estructura mental inconsciente se ha ido construyendo a través de los siglos, resulta muy difícil para la Estructura mental consciente, con su cultura recién adquirida, con lo educado, habérselas con la Estructura mental inconsciente, a la vez que con lo manifiesto, lo presente, lo inmediato. Por tanto, para erradicar la contradicción entre la Estructura mental inconsciente y la consciente, ésta tiene que comprender este hecho. Esto no implica dar oportunidad y acceder a los innumerables impulsos de la Estructura mental inconsciente. Cuando no hay lucha entre la mental consciente y la inconsciente, las nuevas experiencias no incrementarán el conflicto. Si la estructura mental individual no es capaz de comprender como una totalidad sus propios comportamientos, cada experiencia nueva incrementará la brecha y el conflicto entre lo consciente e inconsciente; en caso contrario la experiencia puede ser un factor de liberación.

¿Qué efecto puede tener el cambio de Iestructuras a estructuras mentales?

Como se desprende de lo anterior, el hecho de darnos cuenta de que, hasta el momento, no hemos encontrado "la Estructura mental verdadera", y de que las estructuras mentales que poseemos son solamente estructuras de transición, ya es un gran paso hacia una mayor armonía tanto individual como colectiva, y a la transición de las mismas, en busca de una Estructura mental con un mayor rango de validez, ojalá universal.

Si comprendemos lo anterior, y emprendemos una búsqueda deliberada y sistemática, de estructuras mentales, tanto individuales como colectivas de mayor rango de validez, la misma búsqueda en sí, nos conducirá a una transformación radical de la Estructura mental total. Esta transformación radical sólo será posible mediante una educación apropiada, que busque, ante todo, el desarrollo del ser humano, que tenga en cuenta la vocación individual, y no que lo haga encajar en sus sistemas. La transformación de la Estructura mental total, nos llevará a una transformación de sus efectos y en particular del pensamiento, desarraigando los viejos métodos de pensamiento, y liberando la Estructura mental de las tradiciones y los hábitos.

Durante el proceso de esclarecimiento de los diferentes tipos de estructura mental, la función de la Estructura mental tanto individual, como colectiva (Respectivas), será investigar y aprender. Aprender, no en el mero sentido de cultivar la memoria, o acumular conocimientos, sino en el sentido de cultivar la sensibilidad, la capacidad de percibir, de pensar clara y sensatamente sin ilusión, partiendo de hechos y no de creencias o ideales.

Sobre la acción

Es necesario aclarar aquí que, generalmente, confiamos en la memoria como una guía para nuestra conducta, como un instrumento de "acción" en la vida, y por tanto dicha "acción" carece de espontaneidad, de riqueza, de plenitud de vida, y es, solamente, el resultado del interés, del cálculo en relación con los beneficios que dicha "acción" producirá. De ahí que la memoria sea un obstáculo para la acción, ya que la impide. Al explorar en la experiencia cotidiana, hasta qué punto la memoria es un obstáculo, se descubrirá que llega el momento en que ya no se está buscando un resultado de la acción, un fruto, sino que la acción tiene en sí misma su sentido, y, aunque se obtengan resultados como producto de la misma, el proceso de experimentar, de liberar de obstáculos a la mente y al corazón no se detiene, y el sentido del proceso no serán los resultados, sino el proceso en sí mismo. De acuerdo con lo anterior, entenderemos como acción, no las reacciones, ni aquella acción nacida de la memoria, de nuestro trasfondo, o de nuestra falta de comprensión.

Dado que no se trata de que alguien enseñe qué pensar sino de que comprendamos el proceso total de la existencia, debemos insistir en que este libro no es otra cosa que un instrumento de investigación, un vehículo de acompañamiento para contribuir a posibilitar que cada lector comprenda por sí mismo la integración y la libertad las cuales sólo se pueden comprender a través de la observación cuidadosa de cada acción cotidiana que, esperamos, lleven a una transformación interna y a un despertar de la inteligencia.

Diálogo 1

La iniciación en las diferentes culturas

La formación del piloto de los individuos y los grupos en las diferentes colectividades o sociedades

La iniciación

La educación formal

Alfonso Suárez (AS): Está claro que *la educación tiene un efecto determinante en la formación tanto de las estructuras mentales individuales, como de las colectivas, y por ende, en lo que son, lo que serán y lo que podrían ser tanto individuos como comunidades.*

Carlos Vasco (CV): Precisamente por esto, creo que, de acuerdo con lo planeado para esta obra[1], debemos abordar ahora el problema de la *educación,* pero desde la perspectiva de las estructuras mentales, procurando contribuir a que nuestros lectores traten de ver por sí mismos, ojalá no sólo intelectualmente, sino con una comprensión actuante, las posibilidades de la educación para lograr seres humanos lo más plenos posibles, sino también, para producir los cambios que tantas y tantas veces hemos tratado de producir a través de la historia pero que, aún hoy, parecen lejanos.

AS: Especialmente cuando, a través de la investigación, hemos logrado: 1) Formular la teoría sobre "eso" *que hace actuar a los individuos y a las colectividades como actúan*, es decir, las *estructuras mentales inconscientes*, que en adelante abreviaremos como *IIEEMM.* 2) Encontrar una buena evidencia de la existencia de las mismas. 3) Generar los instrumentos (encuesta, seminarios taller)

---

1.   Vasco, C. E. y Suárez G. A. *Diálogos sobre los grandes problemas del ser humano: las estructuras mentales*, Editorial Magisterio, Bogotá, 1999. Suárez, G. A. y Vasco, C. E. *Las estructuras mentales colectivas: Diálogos sobre los grandes problemas del ser humano*, Editorial Magisterio, Bogotá, 2004.

para investigar, en la práctica, la posibilidad de que los individuos puedan caer en la cuenta de sus *IIEEMM* y puedan no sólo ver sus efectos sino trascender esas *IIEEMM*, pasando a un estadio que llamaremos simplemente estructuras mentales y que abreviaremos como *EEMM*. 4) Poner a prueba los instrumentos para el propósito anterior (encuesta, seminarios-taller) con resultados muy positivos en bastantes grupos pequeños (20 personas) y en algunos grupos de aproximadamente 300 personas cada uno. 5) Realizar las herramientas comunicativas para tratar de ver si, por medios indirectos (libros), podemos lograr que muchas más personas (el público en general) tengan acceso a los efectos positivos del *caer en cuenta* con una comprensión actuante de sus *IIEEMM*.

CV: Sí, tenemos que seguir tratando de pasar del puro nivel artesanal, en el que solamente tienen acceso a esto unas pocas personas (20 cada vez) a través de los talleres vivenciales con usted. Me parece un poco triste tener que limitarnos tanto después de todo este trabajo y con una inversión de casi 16 horas por grupo... Por ejemplo, la gente me dice a mí: ¿por qué no graba esas charlas sobre Pitágoras o Euclides con las cuales usted entusiasma tanto a su público con las matemáticas?

AS: ¿Por qué no lo hace?

CV: Yo digo: sí, se podrían grabar, pero no creo que sea tan importante que la gente se entusiasme con Pitágoras o con Euclides, pero sí me parece muy importante que más personas tengan acceso a este tipo de reflexión que produce el trabajo en *Estructuras mentales*, que, hemos visto, le llega a la gente, la sacude y la abre, tocándole sus fibras más íntimas, mostrándole que hay mucha gente en el proceso educativo. Por eso, yo también les digo a los estudiantes del doctorado en educación matemática: si no tenemos esta dimensión en el doctorado, ya podremos nosotros ser muy buenos en matemáticas, ¿y con eso... qué? Si las personas no ven que, además de la educación matemática, hay una verdadera educación, una formación..., pues sí... uno ve que como que no vale la pena el pequeño incremento en las habilidades matemáticas o físicas o didácticas...

AS: Es casi que intrascendente... prácticamente; además, es innecesario, porque bajo esa perspectiva, la gran mayoría de los niños terminan siendo vacunados contra las matemáticas, la física o cualquier disciplina. Y más aún, porque cuando sean adultos, la gran mayoría no va a tener que ver nada con las matemáticas, o muy poco; especialmente en países como el nuestro donde un gran número de niños se va a quedar por el camino, porque muchos de ellos no van a terminar la primaria, y a los que siguen, sólo les sirve para terminar el bachillerato, y a los muy pocos que llegan a la universidad, aún a estos, después de muchos sacrificios para aprenderla, con muy pocas excepciones, es muy poco lo que la emplean...

CV: Sí, y en cambio si uno ve que ese niño, ese adulto o ese adolescente...

AS: ... como persona... se está como potenciando...

CV: ... como promoviendo... y el docente está siendo consciente de que, así esté enseñando: un medio más un cuarto (1/2+1/4), lo más importante de su relación con esos alumnos no son esas habilidades, sino que esas son las oportunidades, las ocasiones de que, a través de algo muy útil, vean para qué es útil y para qué son útiles ellos.

AS: Sí, que las matemáticas o la física o cualquier disciplina son algunas de las mejores excusas que las diferentes sociedades han encontrado, hasta ahora, para lograr que el niño, el adolescente o el adulto desarrollen al máximo sus potencialidades... y que, empleadas adecuadamente, serán muy útiles para el propósito fundamental de las sociedades, que es el de formar los mejores seres humanos posibles (para sí mismos, para los demás y para el planeta), sacando a flote lo mejor de cada uno de sus miembros. En ese sentido resultan muy útiles; pero si se emplean inadecuadamente, al punto de convertirse en más importantes las habilidades que los seres humanos que mediante ellas se pretende formar...

CV: ... estaríamos en una situación muy difícil, pues lograríamos lo contrario, es decir, que la mayoría esté casi peor al final de los procesos de enseñanza y aprendizaje, que antes de haberlos emprendido, ya que por ejemplo, si aquellos (la gran mayoría) que quedaron vacunados contra esas disciplinas las necesitaran, o si dada la importancia de dichas disciplinas, las respectivas sociedades vieran la necesidad de reemprender con estos seres humanos los procesos de enseñanza de esas disciplinas, el camino sería aún más arduo que si no hubieran aprendido nada, puesto que gracias a esa educación mal enfocada, tocaría emprender un proceso de...

AS: ...prácticamente tratar de quitarles esa *matemafobia*, es decir, esa *fobia* no solo *a las matemáticas*, lo cual tomaría mucho tiempo, sino, lo que es peor, quitarles el temor *al acto de aprender* por sí mismo, que es tan fundamental en la vida.

CV: Sí, por eso es muy importante encontrar procesos como los de las EEMM, que nos sirven no sólo para hacer caer en la cuenta de esos aspectos que ya hemos corroborado con más de 168 docentes de la especialización en docencia, sino de todo lo que implica la formación integral de la persona y de lo que podría ser un verdadero desarrollo humano.

AS: El cual implicaría encontrar y superar los obstáculos que nos impiden lograr una sociedad mundial, una sociedad planetaria, en la cual todos los seres humanos, sin excepción, puedan florecer como tales, donde todos tengan su lugar, donde no impere la fuerza y la coacción y en la cual puedan desarrollarse a plenitud. En fin, empezar a construir una nueva sociedad mundial, cuyo principio podría ser tratar de que no haya ningún ser humano que no pueda satisfacer siquiera las necesidades básicas de alimento, abrigo y techo.

CV: Por eso considero de mucha importancia el que hagamos las labores necesarias (libros, videos) para que muchas personas puedan tener acceso al trabajo de las *EEMM* y a sus efectos positivos. Además, es necesario que en estos diálogos vayamos esclareciendo cada vez más todo lo relacionado con las *EEMM*, especialmente lograr que muchas personas puedan también dar a otros esos impulsos iniciales, esas desestabilizaciones, hasta generar un verdadero efecto "bola de nieve".

E-Ducere

AS: Pienso además, que acá podremos continuar dando algunas luces para ciertos interrogantes que siempre quedan, recordando al lector que nuestras aproximaciones son sólo eso, y que lo importante no son nuestras respuestas, sino las respuestas que él dé, ojalá, con una *comprensión-actuante*, es decir, que no sólo se quede en la teoría, sino *que lleve a actuar en consecuencia*. Nuestra investigación busca ver si hay otras posibilidades para la humanidad, más allá de las que se han vivenciado a través de miles de generaciones…

CV: Las cuales les generan una situación tan paradójica como es la de una gran insatisfacción con ellas, a la vez que no pueden prescindir de ellas, pareciendo por tanto estar atrapados.

AS: Quiero que recordemos algunas de esas preguntas para que miremos si quedaron completamente resueltas, si se aclararon, o si todavía queda alguna duda que debamos tratar. Básicamente es eso, y lo otro es, si ya tenemos el problema resuelto. Según lo veo yo, el problema está resuelto...

CV: ¡Qué optimista!

AS: Digo el problema teórico; es una parte dura que creo que está resuelta. Para mí, el problema de la teoría está resuelto, pero lo complicado, lo grave, es el problema de llevarlo a la praxis, sobre el cual ya hay un avance que a usted le ha llamado mucho la atención y sobre eso versaban las otras preguntas suyas. Recuerde que, entre otras muchas cosas, usted decía que había un problema serio y era cómo lograr que otras personas, preferiblemente docentes, pudieran realizar los procesos de desestructuración que yo realizaba en el aula, para lograr que a través de ellos otras personas se pudieran beneficiar de lo obtenido, de tal forma que no se quedara en el nivel artesanal en que estaba (y en manos de una sola persona) e incluso llegaba a pensar si había algunas reservas mías en este sentido.

CV: Dado su impacto, cuantas más personas puedan realizar este proceso, mayores serán los efectos positivos.

AS: Incluso usted mismo iba mucho más allá, al comparar muy generosamente este trabajo con una religión secular. Aquí era donde yo le decía que para mí, desde hace ya un buen tiempo, estaba el punto crucial, el cual se me convertía en un dilema.

CV: ¿Por qué?

AS: Porque una cosa era que el problema teórico estuviese resuelto, que pudiera ser muy interesante, que pudiésemos escribir muchas cosas importantes desde el punto de vista académico, e incluso que fuese un avance en la historia de las ideas, pero que todo esto no era lo relevante para mí, ya que en todo este trabajo, los aspectos mencionados anteriormente no han sido –ni son– mi prioridad, puesto que lo que he venido investigando, y cómo lo he venido haciendo, no es sólo la teoría, sino fundamentalmente la praxis. Es decir, busco la teoría en la praxis, busco que la teoría no sea sólo una teoría más, una ideología más, un "ismo" más, sino que...

CV: ... tenga un impacto social, cultural.

AS: ¡Exacto! Que tenga un impacto social, cultural. Que pueda contribuir a comprender y a transformar la realidad humana y social, encontrando puntos de apoyo de los cuales nos podamos valer todos, sin excepción, para cambiarla.

CV: Bien, recordemos las preguntas que tendremos que retomar una y otra vez, conservándolas como en una especie de remojo.

AS: Sugiero las siguientes:
1a. ¿Qué caminos tendríamos para modificar las estructuras mentales?
2a. ¿Fuera de esa primera generación de desequilibrios que podemos realizar y que pone en marcha un comienzo de transformación de esas estructuras, qué más se puede hacer?
3a. ¿Qué tan duradero es el efecto de ese primer estado de desequilibrio?
4a. ¿Qué hay que hacer para mantener el proceso en un sentido de desarrollo positivo y de estabilización de esas nuevas estructuras más acordes con las necesidades del planeta? (En esta pregunta era donde Carlos Eduardo pensaba que quizá, por algunas reservas mías, no se lograba que más personas manejaran la teoría o la meta-experiencia como la llamo, y sobre eso surgían otras preguntas).

CV: Sí, tomemos la siguiente como 5a.: ¿Cómo otra persona podría hacer esa intervención? Así, la 6a. sería: ¿Cómo, la misma persona que vive el proceso, puede continuar una especie de terapia personal para no perder el impulso inicial adquirido a través de las experiencias, de los talleres y de los encuentros, para que no vuelva a retroceder como lo hacen con tanta frecuencia el fumador o el alcohólico?

AS: Su sugerencia de mantener estas preguntas en remojo es muy pertinente, puesto que tenemos mucho camino que recorrer, ya que estamos tratando de operar y, si se quiere, de modificar unas *IIEEMM* que se han ido configurando en un período de aproximadamente 1'000.000 de años. Además, si a eso le agregamos los obstáculos inherentes a la comunicación, así como las *tautologías* y los *dobles juegos*, vemos la dificultad de ese camino.

CARACTERIZACIÓN DE LAS EEMM INICIALES Y POSTERIORES

CV: Sí, es un problema tan descomunal, que muchos nos considerarán unos ilusos, unos atrevidos, al tratar de enfrentarlo; pero alguien tiene que hacerlo. A mí me surgían algunas inquietudes: ¿Cómo caracterizar las estructuras mentales que la mayoría de la gente tiene, es decir, el término del cual se parte con esos procesos de desequilibración? ¿Cómo describir, en cierto sentido, la meta hacia la cual vamos? ¿Cuáles serían las características fundamentales de esas estructuras mentales que podríamos llamar deseables y cuáles serían las características de las estructuras mentales que podríamos llamar factuales, aquellas con las que nos vamos a encontrar en la mayoría de las personas con que trabajemos, con el 99% o el 100% de las personas?

AS: Muy buenas preguntas.

Conversos o escépticos

CV: Yo concretaba esta inquietud pensando en la situación de nuestro amigo Pedro (estudiante de la especialización, nombre cambiado) y en la necesidad de mirar el problema muy concretamente en un caso personal.

AS: Eso no es fácil.

CV: Claro, pero hay que hacerlo, no porque el caso personal sea lo más importante, ni porque esta persona sea ésta u otra, sino porque ayuda a verlo en un caso que se puede considerar típico. Pedro es una persona que tiene, lo que podríamos llamar, cierto privilegio social, ético, religioso, moral, de tener una formación, una vocación de servicio; sin embargo, uno encuentra que tiene una estructuración mental no muy distinta a la de otras personas.

AS: Una estructura mental individual de la cual él no se da cuenta, que le es invisible, o dicho en otros términos, una estructura mental individual, inconsciente (IEMI)…

CV: … que participa activamente y se involucra en este tipo de experiencia y por eso se siente ya, él mismo, cuestionado radicalmente; se siente que está como en una especie de pendiente de no retorno, en la cual no siente que debe hacer ni siquiera el esfuerzo de detenerse, sino dejarse llevar por ese proceso que está viviendo y que puede llegar a cuestionarle, por ejemplo, su vocación, su futura carrera, su manera de trabajar dentro o fuera de la orden religiosa a la que pertenece, etc. Entonces, uno se asusta un poco, se inquieta, cuando ve que la persona ya ha tomado la cosa tan en serio y tan profundamente, pues uno dice, al fin y al cabo, ¿lo metería yo en un callejón sin salida, sin poderle colaborar en el proceso ulterior a esa primera desestructuración?

AS: Esa es una preocupación muy importante para mí.

CV: Realmente, ¿es algo que se pretendía, que se consideraba deseable, al punto de que sería de esperar que ojalá todos los que vivieran la experiencia empezaran ese mismo proceso? ¿Hacia dónde quisiéramos que ese proceso se encaminara, para que la persona no quede en una indefinición, en un relativismo total? Puesto que no se trata de dejarlo en una actitud crítica, negativa, contra lo que él mismo pensaba o sentía, lo que no le ayuda ni a hacer un proceso de realización personal, ni de apoyo y colaboración social, ni de acompañamiento a otras personas.

AS: Eso tenemos que tratarlo.

CV: Puede también tener un efecto paralizante y generador de escepticismo, de donde resulta que, a la hora de la verdad, termina pensando que hay muy poco que hacer, o que no pase al otro extremo de tener un adepto, un converso que a su vez lo que hace es tratar de adoptar la estructura mental, que él adivina que uno tiene como ideal, y volverse a meter otra vez en el mismo círculo vicioso.

AS: En una creencia de otro tipo.

LA INICIACIÓN EN LAS DIFERENTES CULTURAS

AS: *Si es bueno para las IIEEMM es bueno para todos y todo vale para iniciarlos*

CV: ¡Exacto! Caer en la misma falta de autonomía que tenía antes. Esa preocupación tiene un aspecto teórico en cuanto a caracterización de las estructuras mentales iniciales y las metas finales, no porque estén determinadas, sino porque es hacia donde se va. Esto tiene un aspecto práctico, en el sentido de que nos permite mirar, a la luz de este caso, muchas de esas preguntas que a mí me parece que están sin resolver. ¿Qué hacemos en la práctica con una persona que ya ha iniciado el proceso? ¿Qué tipo de acompañamiento, qué tipo de cautelas se le pueden comunicar para ese proceso, qué tipo de orientaciones se le pueden dar para que sepa hacia dónde va?

AS: Adentrémonos un poco en el acompañamiento.

CV: Una comparación que veía también, leyendo un libro que me prestó mi hermano, sobre los chamanes, donde se ve cómo estos no tienen ningún problema en meter a un aprendiz de payés o de brujo, por una senda, por un camino misterioso, en donde le dan brebajes alucinógenos, lo hacen ayunar y lo golpean hasta sacarle sangre, porque creen que a través de estas experiencias va a llegar a ser el servidor más importante de esa comunidad, entregando su vida a acompañar a la gente en sus dolores, sus enfermedades, sus problemas personales, de la iniciación, de la vida y de la muerte. Ellos tienen sus mitos y sus historias, a través de las cuales se ayudan para prevenir a la persona de lo que le va a pasar cuando vaya a un viaje de estos del Yagé o cuando empiece a sentir tal tipo de ansiedades o tal tipo de sueños. Ellos han recogido, a través de leyendas y de historias, toda una sabiduría de la iniciación del joven payés o chamán en ese mundo (que para ellos es tan real como el nuestro) de los espíritus o de las tinieblas y los vientos, los fantasmas, los brujos y los dueños de los animales, de entidades que ellos consideran que son reales, así nosotros los externos no los podamos ni ver ni experimentar.

AS: ¿Quiere decir que la responsabilidad de los que vemos nuevos caminos está en señalarlos y que el escogerlos y el afrontar lo que ocurre en ellos es de quien los asume?

CV: Sí; esta comparación, en el sentido de lo que el chamán se atreve a hacer para que su discípulo se inicie en ese mundo tan peligroso, tan oscuro y complejo, basado en su creencia de que a través de su misma experiencia y de su misma tradición y mitos puede acompañar a la persona hasta que ella se independice y sea el chamán de otra tribu o de la misma, es como una comparación que me impactó con respecto a lo que uno quisiera hacer con respecto a personas que sí toman en serio este tipo de iniciación que se les da a través de las experiencias sobre las estructuras mentales *(EEMM)*, de caer en la cuenta de las estructuras mentales que los rigen, a pesar suyo o a espaldas suyo. Entonces, me quedan esas preguntas de tipo teórico o de caracterización, y de tipo práctico o de acompañamiento.

AS: Mientras Carlos Eduardo hablaba, me venían a la mente imágenes sobre las experiencias de los chamanes como las que describe Carlos Castañeda en un libro denominado *Viaje a Ixtián*[2]. ¿Lo ha leído?

CV: Sí, yo conozco varios libros de Castañeda.

AS: Sólo que, desde mi punto de vista, a mí me parecía, que los chamanes no lo acompañaban a uno tanto como lo mencionaba Carlos Eduardo, y por eso dudaba sobre si estábamos refiriéndonos a las mismas experiencias, pero ya aclarado esto, continúo mirando esas experiencias como lo estaba haciendo mientras Carlos Eduardo hablaba.

CV: Está bien; pero, ¿cuál era su duda?

AS: Decía que en las experiencias de los chamanes a mí me parecía que no acompañaban tanto al joven Payés. Sí le daban ciertas indicaciones ante las posibles eventualidades que le podían ocurrir, pero que, realmente, para el sujeto que estaba en la experiencia, eso se constituía en un acompañamiento insuficiente, por no decir que no se sentía acompañado, y más bien, muchas veces se sentía

---

2.   Castañeda, Carlos. *Viaje a Ixtian*. Fondo de Cultura Económico. México. 1972

perdido en el transcurso de dichas experiencias. O sea, demasiadas veces los jóvenes payeses veían que estas experiencias eran excesivamente peligrosas y que ellos se podían perder o enloquecer en el transcurso de ellas, y, por todos esos aspectos eran muy pocos los que se sometían a estos procesos.

CV: Son visiones desde dos sistemas de referencia, el del chaman y el del payés.

AS: Claro. Volviendo a la comparación con el caso en referencia que hemos escogido, el de nuestro amigo Pedro, yo leía la experiencia de él, guardando las proporciones, en ese sentido. Dadas las características de este caso, que no es simplemente un caso típico, sino que uno puede ver que es una persona de un nivel intelectual, moral, ético, por encima del promedio, una persona que trata de ser muy seria en la vida, que está buscando, tratando de ir más allá de lo ilusorio, que se podría decir, en el lenguaje coloquial, que es una persona muy bien estructurada, etc., que pareciera que le logramos dar el empujón. Pero desde ese entonces, creo que tanto a usted como a mí, nos han venido asaltando inquietudes del mismo tipo de las que yo veía en el caso de los chamanes, como por ejemplo: ¿Acaso no lo echaríamos por una pendiente sin retorno y con demasiados peligros? ¿No estaremos haciéndolo con los que pasan por estos talleres?

¿Son las EEMM una religión secular o una alienación posmodernista?

CV: Parece ser que eso es lo que está ocurriendo. Para ponerlo crudamente: ¿Son las *EEMM* una religión secular o una alineación posmodernista?

AS: Podría convertirse en algo así y eso no es lo que pretendemos. La coincidencia en el tipo de preocupaciones, y el hecho de que sea usted quien las pone en palabras, quien ve en este tipo de trabajo esas posibilidades, quien ve, en las dinámicas que tenemos, un cierto poder comparable con el de los chamanes, me permite confesarle que yo estaba pensando en lo mismo, y que ante ese posible poder sentía la necesidad, en cuanto fuera posible, de evitar hacer alusión al mismo, o ponerlo en evidencia y quizás por esto era que le parecía a Carlos Eduardo que yo tenía reservas de compartirlo con otras personas.

CV: Dadas las posibilidades de este trabajo, era y es más la preocupación porque pueda haber muchos multiplicadores del mismo; es decir, que no estuviera usted tan solo, desaprovechando la oportunidad de que muchas personas, a través de esos multiplicadores, se pudieran beneficiar de este trabajo.

AS: Entiendo. Continuando con mi idea, para mí, ese poder me intimidaba y se me hacía muy peligroso, especialmente para las personas que lo tomaban en serio, porque después de la primera sacudida, con cada nueva interacción conmigo se generaría aún más desequilibrio, un mayor distanciamiento con buena parte de lo que se considera socialmente aceptable, ya que su mirada sobre la sociedad se haría cada vez más crítica e independiente...

CV: Pero eso es lo que se busca; eso es lo que dicen todos los programas educativos innovadores y las nuevas propuestas no solo educativas, sino todas las que tienen que ver con la formación de recursos humanos. De acuerdo con eso, parecería ser algo deseable.

AS: Cierto, pero eso se dice en "la teoría", pero en la práctica, a las personas, a la sociedad, les "gusta" que las cuestionen si ese cuestionamiento no les hace temblar sus bases; pero como eso sí ocurre en este caso, nuestro trabajo puede ser interpretado erróneamente por las instituciones, y por eso, el joven que se inicia en él, puede ser rechazado con la saña con la que las sociedades atacan a aquellos que creen que están cuestionándolas desde sus cimientos.

CV: Eso es parte de lo que la persona que sigue este camino debe afrontar para ser alguien que esté por encima de las simples opiniones y veleidades de las sociedades…

AS: Pero, en nuestro caso, hay una gran desventaja para ella, ya que mientras el rito de iniciación del joven payés es reconocido institucionalmente, este tipo de "iniciación" en las EEMM no es reconocido y, por el contrario, puede ser visto como una amenaza, tanto más grande cuanto mayor sea su efecto sobre los individuos y las comunidades. Este es un camino que –en lo que lo he vivenciado–, aunque es muy fructífero, resulta muy duro, razón por la cual muy pocos querrán seguirlo, lo mismo que el de los chamanes. Por esto, lo que hacemos con ellos es lo que sentimos que está probado, y que, aunque sabemos que los conmueve muy profundamente, no los lanza por un abismo (aunque ellos se sientan en él) en el cual no sepamos con bastante certeza lo que hay que esperar. Como usted sabe, esto les causa una gran conmoción, y como dicen ellos, "los deja sin piso"; pero también aquí son ellos los responsables de la magnitud de los cambios que sus vidas requieren, no sólo de verlos, sino también de asumirlos y hacerlos realidad.

CV: De todas formas, deberíamos encontrar los medios de tener más multiplicadores y para esto no deberíamos dejar tan solos a los que se interesan profundamente en la iniciación en las *EEMM*.

AS: Ese es un punto muy delicado, y aunque agradezco y comparto su interés por lo que se ha logrado concretar como una praxis resultado de este trabajo de investigación, y de que le llegue a la mayor parte de las personas posibles, no dejan de preocuparme sus efectos. Igualmente, reconociendo que es importante el compartir algo que creemos útil, pienso que debemos tener cuidado de que (por esta preocupación que es muy pertinente) no termine siendo una ideología que acuda a la propaganda para conquistar adeptos, o sometiendo a las personas interesadas a situaciones peligrosas, especialmente hoy en día en que todo (hasta las religiones) termina convertido en un producto comercial.

CV: Esas precauciones me parecen pertinentes.

AS: Ese es un plano en el cual me muevo con mucha cautela, porque esta praxis es un proceso para el cual (conservando la analogía), existe una especie de chamán, el cual en sí mismo no importa mucho, ya que lo que realmente importa es el iniciado, que, con algunas indicaciones, se desarrollará en un sentido deseable para sí y para la sociedad y el medio ambiente, aunque ella lo pueda ver en algunos momentos como una amenaza, pues tenderá a cambiarla y le ayudará a cambiar, con su ayuda o sin ella.

CV: Pero, eso ha sucedido con todas las ideologías, que empiezan muy bien sin avasallar ni intimidar a los posibles nuevos miembros, y han terminado ocasionando guerras y enormes males que no resultan coherentes con sus postulados iniciales.

AS: Eso es totalmente cierto. Es parte de lo que estaba tratando de transmitirle y de ahí mis temores y reservas. Por eso hablaba de lo delicado de este trabajo: lograr que muchas personas sean multiplicadoras del mismo, porque *lo primero que ellas tienen que hacer es vivenciar todo lo que esta experiencia implica y una de las cosas que debe quedar clara es que el pasar por ésta no los convierte ni en mejores ni en peores que los demás;* que es a los demás a quienes les corresponde buscar su camino, y que estamos ahí para los que vivencialmente se den cuenta de que esa es su opción y que no es una secta para consolarse o sentirse mejor o más poderoso que los que no están en la misma.

CV: Entiendo; pero, por eso mismo se requiere que más personas tengan la posibilidad de conocerla, porque como estamos, debido a que no la conocen ni la pueden conocer, ya está descartada por omisión.

AS: Ese es el *quid* de la cuestión y por eso me siento como en el filo de la navaja, ya que, aunque no se le puede vender como un producto comercial, la gente debe saber que existe y tenerla por lo menos como una opción. Pero, en eso usted tiene toda la razón: por eso he aceptado su reto de darla a conocer.

CV: Cierto; ahora, cuál era ese otro aspecto por el cual no se daba el acompañamiento sino en contados casos.

AS: Sí; el otro factor para que no se dé el acompañamiento en la práctica sino en contados casos, tiene que ver con el interés de ellos para buscarlo. Fuera de la actividad de los talleres o inmediatamente después de los mismos, son pocos los que lo hacen...

CV: Quizás no saben qué es lo que les está haciendo falta, o cómo pedir la colaboración y también pueden tener temor de hacerlo.

AS: Sí, esas son algunas de las posibilidades, como por ejemplo en el caso de Pedro[3], que, como usted lo sabe, aunque no se quedó en la primera aproximación que tuvo a este trabajo, sino que buscó y participó en otros talleres, no se aproximó directamente a solicitar algún tipo de acompañamiento...

CV: Dado que este proceso toca fibras muy íntimas y personales, a las personas les cuesta mucho trabajo compartir lo que les está pasando; puede darles vergüenza, a pesar de que hay una aproximación muy cercana a usted como la persona que dirige los talleres y, aunque en muy poco tiempo gane una gran confianza de ellos, usted no deja de ser profesor, con todo lo que esto implica, debido a las preconcepciones que se tienen del mismo.

---

3.   Nombre cambiado.

AS: Sí, esa parece ser la situación de Pedro, ya que, como venía diciendo, prefirió buscar otras instancias académicas conmigo para conocer mejor las *EEMM*, para seguir avanzando (si se puede usar esta expresión en una experiencia no secuencial); pero no se aproximó a buscar espacios extra-clase para dialogar conmigo acerca de muchas inquietudes que se notaba que tenía.

CV: Posiblemente estaba muy afectado en lo más profundo de su ser.

AS: Este caso me llamó mucho la atención, pues se veía claramente que le impactó mucho, ya que desde el principio se dedicó a transcribir todo y a tratar de mirar detenidamente todas las sesiones, como tratando de ir a lo más profundo y, a pesar de lo respetuoso y reservado (quizás tímido), trataba de encontrar la oportunidad de resolver sus inquietudes, desafortunadamente no en particular conmigo, sino en los talleres en los cuales, la posibilidad de atenderlo sobre sus inquietudes más específicas, era muy limitada por las circunstancias.

CV: Seguramente el interés del grupo no siempre coincidía con el de Pedro.

AS: Posiblemente. Yo me sentía muy contento por el interés despertado y el cuestionamiento tan serio que Pedro se hacía, pero al mismo tiempo me sentía preocupado, porque sabía que no lo podía acompañar hasta donde yo quisiera y tampoco le podía ofrecer acompañamiento en los momentos que (durante los talleres) lo sentía como cayendo por una pendiente muy pronunciada, algo así como en un inmenso río turbulento, e intentando agarrarse de las piedras o de los árboles más peligrosos, y me preocupaba que se hiciera más daño al intentar agarrarse, en lugar de seguir la dinámica del proceso. Esa era una de las mayores preocupaciones. Los árboles o las piedras eran como los preconceptos que él traía, la estructura mental previa, a la cual se aferraba en una situación paradójica, pues esa *IEM* no le era satisfactoria, y lo que era peor, lo mantenía en conflicto y contradicción; pero era todo lo que tenía, todo lo que conocía, y lo que había venido cultivando durante toda su vida.

CV: Ese es uno de los problemas de las *IIEEMM: que parecen convertirse en un absoluto y también convierten en absoluto aquello que persiguen.*

AS: Y ese era el abismo que yo asumía de Pedro. Cuando no había pasado por el trabajo de las *EEMM,* ignoraba su existencia y todo le parecía definido claramente, aunque no fuera completamente satisfactorio. Una vez que se dio cuenta de la existencia de las *IIEEMM,* parecía sentir que tenía que romper con todo.

CV: Casi que, como dicen los jugadores de cartas, volver a barajar.

AS: Como *ese todo era su vida* y todo lo que él estaba persiguiendo, sus metas en ella, la esencia de su existencia, pues, obviamente, entraba en crisis, ya que se le replanteaban su vida y sus metas.

CV: Tendría un nuevo problema.

AS: Sí, puesto que tendría que: o cambiar radicalmente o tratar de seguir adelante con algo en lo que no creía, con algo que a través de la experiencia de las *EEMM* podría parecerle que volaría en pedazos por los aires y, posiblemente, si no cambiaba, tendría que pasarse el resto de su vida tratando de pegar los pedazos. Por eso es tan difícil para las personas hacer cambios fundamentales en sus vidas; saben que lo que tienen no es lo mejor, pero se aferran a ello casi que como porque "es mejor lo malo conocido, que lo bueno por conocer".

CV: La metáfora es buena y explica la expresión que usan los que pasan por la experiencia de las *EEMM* cuando dicen: "es que nos puso una bomba", "nos rompió el filtro", "nos dejó sin piso", que son expresiones cargadas de significado en muchos sentidos, que a la vez nos muestra semejanzas con el caso de los jóvenes payés, en el sentido de los temores que la mayoría tienen de someterse a la iniciación y cómo, por eso, muy pocos son los iniciados y adicionalmente, cómo, de esos pocos, casi ninguno consigue ser chamán.

AS: Eso mismo parece que nos ocurre en esta experiencia.

CV: Aunque los que pasan por ella la valoren y la respeten e, incluso, la vean como necesaria, no sabemos cómo los afecta posteriormente, porque no hemos podido hacer un seguimiento. Sin embargo, aquí hay una diferencia importante en el sentido de que *la experiencia de las EEMM parece servir a cualquier mortal sin importar su condición* intelectual, o de cualquier otra índole, mientras que *la iluminación en las diferentes tradiciones religiosas o tribales sí se asume como restringida a unos seres muy raros y especiales.*

AS: Creo que resulta muy ilustrativa esa comparación que nos muestra tanto las similitudes como las diferencias, en especial la que acaba de señalar, puesto que es una de las características más importantes de este trabajo.

CV: Profundicemos un poquito más en esta comparación.

AS: Bueno, continuando con el caso de Pedro, aun cuando la dinámica del asunto, o su razón misma, le indicaban que tenía que seguir el proceso, que no había otra alternativa que la de continuar (como cuando los *chamanes* metían al joven payés en un sendero en el cual, al principio, tenía la opción de introducirse en él o no, pero le habían advertido que una vez iniciado ya no podría regresar, tendría que seguir, así el seguir no le garantizara nada), él tenía la tendencia a resistirse o luchar para evitar los dolores que le causara la experiencia, perdiendo la oportunidad de ver y aprender las lecciones de la misma. Y ahí estaba el principal problema, no solo para Pedro, sino para todos.

CV: Sí, pero usted mismo me ponía la comparación de que, en algún momento, él empieza a ver que hay otras opciones, otros árboles que son más benéficos para él mismo y para la humanidad. Al fin y al cabo, uno tiene que decidirse a agarrarse de ellos y no seguir, simplemente, de tumbo en tumbo hasta caer en la catarata, pues ahí se muere en una búsqueda autodestructiva que no lo ayuda ni a él ni a la sociedad.

AS: Ese es, precisamente, *el problema*, que *por estos temores siempre nos quedamos a mitad de camino*. Esa quizás ha sido la razón por la cual, como lo decíamos, sólo una exigua minoría se lanzan por el camino tratando de ser chamanes, *solo una pequeñísima parte de la humanidad son Newtons, o Mahomas o Cristos*. No es porque no haya existido, entre tantas generaciones, y entre tantos miles de millones de personas que han pasado por este planeta a lo largo de la historia, el talento o las capacidades necesarias para que, por lo menos, hubiera sido un poco mayor el número de seres humanos que lo hubiesen logrado. Sino, creo yo, que el problema es que la mayoría, a lo largo de la historia, ha tomado el camino de decidirse a agarrarse de algún árbol y no seguir simplemente de tumbo en tumbo hasta caer en la catarata y ahí morirse en una búsqueda autodestructiva.

CV: La otra opción nos parece aterradora, no nos ofrece lo que más buscamos: seguridad.

AS: Ese lanzarse por una senda que no es segura y por la cual casi nadie se decide, no ha resultado atractiva para la gran mayoría a lo largo de la historia, y precisamente cuanto más pasa el tiempo, se refuerza la percepción de que no es la senda adecuada. Eso es lo que yo veo como un *quedarse a mitad de camino* y sólo así se puede explicar, por ejemplo, que como seres humanos nos haya tomado tanto tiempo y esfuerzos para lograr convencernos de que con nuestra mente podíamos comprender, explicar y hallar las leyes a la naturaleza. Para la gran mayoría, los pocos que seguían estos caminos totalmente inciertos eran unos extraños que estaban totalmente equivocados e iban de "tumbo en tumbo". Recordemos que, generalmente, eran incomprendidos y hasta objeto de burlas.

CV: ¿Quiere decir que el ir "de tumbo en tumbo" de Pedro podría ser el nuevo camino?

AS: De hecho, como ya lo comentábamos, si él había entrado en crisis era, precisamente, porque a través del proceso trataba de darse cuenta de que todo a lo que le había estado apostando su vida, sus esfuerzos, parecía ser como una especie de castillo de naipes.

CV: Que en la realidad, no era lo que él creía y no le ofrecía ni la certeza ni la seguridad que andaba buscando (algo así como lo que le ocurría al joven payés).

AS: Por su condicionamiento, trataba de buscar otro carril del cual agarrarse, trataba de ver si se le iba a ofrecer otro carril (como es la costumbre) y, como no había tal cosa, se sentía como dando tumbos, como cayendo por la pendiente a la que nos referíamos metafóricamente. Eso es lo que se entiende por entrar en el "de tumbo en tumbo" que usted mencionaba.

CV: Lo que se suele hacer, en los casos normales, con las crisis es tratar de buscar otra certeza aparente que dé la seguridad que se creía tener.

AS: Así tratamos de resolver las crisis, por la forma en que nos han condicionado para afrontar las encrucijadas. Nos han dicho que si uno ve que un carril o un camino no le sirve, lo remplaza por otro que en el fondo es lo mismo, otro carril y nada más, que sólo es elegido por reacción al anterior.

CV: Pero, el problema es que, cuando uno hace el trabajo de *EEMM*, termina cuestionando con la misma dureza esa actitud. Prácticamente ve que, aunque lo anterior sea la actitud normal, en definitiva no conduce a ninguna parte, y se da cuenta de que no se trata de un problema de cambiar carriles para sentirse mejor.

AS: Cierto, eso puede parecerle al posible payés muy malo y desconcertante (recuerde las expresiones: "nos dejó sin piso" o "nos rompió el filtro"), precisamente porque –a diferencia de todas las ideologías– no los desequilibra para que se cambien a la suya, sino que los deja sin la opción a la que han estado acostumbrados: acción y reacción, es decir ir por la vida cambiando carriles.

CV: Pero, entonces, la persona queda realmente sin piso...

AS: En el sentido de darse cuenta de que todos los carriles son lo mismo, sí queda realmente sin piso... en el sentido de darse cuenta de que lo que le hacía actuar como actuaba, lo que le hacía decidir como decidía, optar por lo que optaba, juzgar como juzgaba, valorar como valoraba, querer lo que quería, no era confiable cuando se le sometía a un examen que se salía de lo usual. Ahí esta el poder de lo que estamos haciendo, porque no venimos a decirle a las personas: cambien sus carriles por el nuestro y serán recompensados en alguna forma. Incluso, lo más importante es que no somos nosotros los que las estamos haciendo cambiar, sino que les ayudamos a ver. Si las personas quieren mirarse a sí mismas, actuamos como una especie de espejo. Sólo si ellas quieren.

CV: Sí, pero esa es una situación como la de caerse a un abismo. La gente se siente que no tiene de dónde agarrarse, como en el vacío, y lo peor es que no sabe a dónde va a caer. En todas las versiones de iniciación, como las que mencionábamos, uno de antemano sabe que las experiencias por las que tendrá que pasar son muy difíciles, e incluso hasta traumatizantes, pero uno sabe que así le den golpes y le saquen sangre, hay una luz al final del túnel. Si podemos hablar, en este trabajo, en ese mismo sentido, *¿Cuál es esa luz aquí?*

AS: Observe que, desde las concepciones de la mayoría de las personas, esta pregunta es obvia e imprescindible, pero como usted lo sugiere muy bien, una vez que uno ha hecho este tipo de trabajo, ya no podemos hablar en este mismo sentido, ya que al hacer esa clase de pregunta uno está "valorando" la situación desde una estructura mental, es decir desde una perspectiva en que no se da cuenta que *todos los caminos son como sendas de certeza que trazamos en nuestro cerebro, que nos ofrecen una aparente tranquilidad* y una forma de juzgar más o menos así: Yo estoy dispuesto a "cambiar" pero si se me ofrece la certeza de que lo que obtendré a cambio es más satisfactorio para mi *IEMI,* a la luz de las estructuras mentales colectivas inconscientes *(IIEEMMCC).* Es decir, a la luz de mi carril y a la luz de los carriles que las colectividades consideran como los mejores.

CV: En el fondo, el cambio que se busca es interesado: cambiaré si se me promete que seré *recompensado* o si este cambio me es *placentero.* Pero, todos los aspectos involucrados en esa decisión, en esa especie de cambio, son parte de lo mismo.

AS: Es lo que podemos denominar *juicios y acciones tautológicas,* donde se valora en relación con lo que se tiene...

CV: Ahí hay algo muy importante, que parece ser el nudo Gordiano. Si lo logramos desatar, parece ser que, como usted lo dice, solucionamos el problema...

AS: Exactamente. Sin embargo, siempre tenemos que seguir siendo muy cautelosos, porque, como ya lo hemos visto, es fácil confundirse en lo que se entiende como "solucionar" un problema. El común de las personas "soluciona sus problemas" buscando lo que es más satisfactorio a luz de los carriles en que están (los de su *IEMI* y los de su *IEMC*); en los casos más críticos o más extremos, cambiando de carriles. A pesar de que los resultados, en un principio, puedan ser verdaderamente impresionantes, a la larga no son sino más de lo mismo.

CV: Sí, es como el caso de las adolescentes que se sacrifican y hacen ejercicios y dietas o hasta liposucciones para modelar su figura como lo mandan los cánones de la belleza actual (la cual es muy diferente a lo que se consideraba belleza, por ejemplo, según las *IIEEMMCC* del renacimiento). Hacen los sacrificios no por salud (los llegan a hacer incluso en contra de ella), sino por cumplir con los cánones de las *IIEEMMCC*, para ser exitosas dentro de ellas. Otro caso que ilustra bien lo anterior es el de *las conversiones*, las cuales son exaltadas y muy ponderadas por los miembros del carril al cual se pasó el converso, pero ellos no destacan en la misma forma a todos aquellos que dejaron su carril, ni miden si son más o menos los que se convierten que los que abandonan ese carril.

AS: También, como ilustración de lo anterior, me llama mucho la atención el caso del "Newton" de nuestra época, el físico Stephen Hawking.

CV: ¿Por qué?

AS: Él, contra todos los pronósticos médicos y científicos, se pudo sobreponer a una muerte inminentemente anunciada, simplemente cuando a través de un sueño *se dio cuenta* de todo lo que no se había dado cuenta conscientemente, cuando tenía toda la vida por delante, es decir, de lo que iba a perder por estar condenado a muerte, de lo que implicaba estarlo, al punto de que cambió toda su indiferencia por la vida, que lo acompañó hasta justo antes de saber de su enfermedad terminal. Al darse cuenta con una comprensión-actuante, de ese hecho, de que estaba condenado a muerte, trató de aprovechar al máximo el poco tiempo que le quedaba y se puso a hacer todo lo que en ese momento creyó que le gustaría hacer, aún a pesar de que sabía que no viviría para concluirlo (según los pronósticos médicos).

CV: Sí, empezó un doctorado que quizás nunca terminaría y hasta contrajo un matrimonio que, posiblemente, sería de lo más efímero.

AS: Para las personas normales, ese sería un verdadero cambio, y más aún, dado que superó por muchos años a la muerte (así le haya tocado vivir con un cuerpo totalmente deteriorado). Este cambio fue muy importante, no sólo para él y para su familia, sino para la sociedad y para la ciencia, en particular para la física. Pero si se mira con cuidado, no dejó de ser un cambio de carril como el de muchos que se cambian de religión o de creencia y que, gracias a ello, dicen que se les han concedido curaciones, casi milagrosas, de enfermedades asumidas por la medicina occidental como mortales, pudiendo afirmar que los efectos de esos cambios han sido tan benéficos, que prácticamente les han transformado sus vidas.

CV: Cierto, se ve que es un cambio de carril; pero es que, hasta la fecha, lo más significativo que todos conocemos es que ese tipo de cambios, por no decir todos, se anuncian como el verdadero cambio, aquel que no es más de lo mismo y terminan siendo sólo cambios de carril. ¿Qué hay de diferente con el trabajo de las *EEMM?*

AS: La *propuesta sobre las EEMM no es una propuesta para que la gente vaya hacia ella como a un nuevo carril;* es más bien un proceso que, quien lo siga, termina dándose cuenta de que se encuentra en algún tipo de carril, el cual, en cuanto a su génesis y a su proceso de formación, *es igualmente válido –o igualmente inválido– que los demás*, y por tanto, le impide, a cualquiera de los que han trabajado en este tipo de proceso, absolutizar su carril o reclamar que su carril es mejor que los otros. Por tanto, no podrá generar conflictos por la defensa de su carril. Con todo esto, se empieza a ver una luz para un problema tan complejo como es la violencia.

CV: Esa es la especie de abismo, como una especie de fragilidad extrema, de la que hablábamos antes, incluso en el estudio del caso de Pedro. Entonces, a eso es a lo que usted se refería con que el "de tumbo en tumbo" era parte del camino que la gente recorría y que por eso daban más tumbos aquellos que estaban más aferrados a su carril, aquellos quienes se habían entregado a ese camino con más empeño y quizás con más seriedad.

AS: Sí, en el sentido de que cuanto más fuertes fueran sus *IIEE-MM*, más resistentes serían sus cadenas, y más trabajo les costaría romperlas, sobre todo cuando no se les ofrecía nada a cambio, que es lo que se acostumbra en todos los tipos de cambios que hemos visto y que no son más que una especie de cambiar de carcelero. Pero como insistía yo –y no me canso de insistir– ese momento es muy delicado y depende de la persona; ese momento llega cuando él es consciente de que no hay ninguna seguridad en este camino, de que no hay ninguna recompensa por tomarlo y sí muchos peligros, los cuales, aunque sólo estén en su mente, son peligros.

CV: Y de todos ellos, el mayor peligro es el sentir que si uno no tiene un carril, ¿Cómo no caer al precipicio?

AS: Si prima esta sensación, entonces, lo condena simplemente a agarrarse de lo que le queda más fácil. Pero si se da cuenta, si percibe y ve claramente con todo su ser, su corazón y sus sentidos, que su problema para ir más allá de lo conocido es precisamente la búsqueda de seguridad y recompensa que no le producen más que temor paralizante y por ende más de lo mismo, entonces encontrará su camino, que es un camino sin carriles rígidos y seguros.

CV: En resumen –y me gusta la coincidencia– si Pedro, como en el caso de los chamanes, está dispuesto a pasar por el dolor, el sufrimiento, la indagación que se requieren para descubrir las cosas por uno mismo, entendiendo, en pocas palabras, *que tiene que recorrer su propia senda y que nadie puede ayudarle ni a recorrerla, ni a encontrar la verdad, encontrará su propio camino.*

AS: Tan es así, que podríamos decir que ese es un factor común en todo tipo de iniciaciones en las diferentes tradiciones. Comprendiendo que los caminos conocidos, que ofrecen algunas certezas y algunas recompensas, no producen sino más de lo mismo. A los que no estamos satisfechos con los caminos conocidos porque por miles de años no han producido sino más de lo mismo, no nos queda sino optar por este sendero aparentemente muy peligroso, con todos los riesgos que implica.

CV: El camino que tenemos que recorrer ahora es el de realizar el trabajo necesario para que podamos darnos cuenta de que, como seres humanos, somos capaces de liberarnos de condicionamientos tan fuertemente arraigados a través de tantas generaciones, de comprendernos a nosotros mismos, explicarnos, y servirnos de esa comprensión.

AS: Todos tenemos que lograr que este camino no sea tan tortuoso y largo como el que tuvimos que recorrer para lograr convencernos de que con nuestra mente podíamos comprender, explicar y hallar las leyes a la naturaleza. Creo que esa es la misión de la investigación en ciencias sociales y humanas y del sistema educativo, y que se debe procurar que esto se logre, ojalá en esta o a más tardar en la próxima generación.

CV: Ya veo, pero, sigo creyendo que usted es muy optimista, aunque ahora está un poco más claro lo que quiere decir sobre los carriles y caminos previamente trazados.

AS: Obviamente que *es más fácil seguir los caminos con certidumbres y recompensas aparentes, es decir los caminos de las mayorías;* incluso, entre estos caminos se puede ver su fórmula del éxito y la aparente originalidad: simplemente se aparta uno un poco de ellos, pero cuidándose de que sólo sea lo necesario para parecer atrevido, pero no suicida.

CV: Creo que nos quedó algo pendiente sobre la metáfora del río, que estaba relacionado con los caminos...

AS: Sí, esto de los caminos es algo recurrente para cualquier ser humano, pero de mayor importancia para el que participa en la experiencia de las *EEMM.* Volviendo a la metáfora del río, como Carlos Eduardo lo decía, dada la incertidumbre y el temor que suscitan estos caminos desconocidos, es más fácil agarrarse a alguno de los tantos árboles con que nos encontramos, más por una certidumbre aparente, por temor o por someternos a lo establecido, porque en última instancia en este sentido se nos ha educado. Si lo expresamos, tratando de continuar con la metáfora, podemos ver que *en la vida práctica quedamos atrapados en las palabras, en los símbolos, en las posibilidades del pensamiento, que, aunque necesario...*

CV: No lo es todo, y por esto es necesario tratar de precisar sus límites y posibilidades.

AS: Siguiendo con el ejemplo del río, vamos a considerar algunas alternativas (entre otras muchas). Primera, no lanzarse al río, quedándose donde está a pesar de que siente que no está bien; pero ésta constituye la mejor alternativa cuando da rienda suelta a su imaginación y ésta se dedica a prever los peligros que posiblemente le esperan si toma otra opción, al punto de que en su mente pueden parecer tan descomunales, que le hacen quedarse donde está.

CV: De hecho, en la vida práctica muchas personas cumplen con lo expresado en esta parte de la metáfora.

AS: Segunda, se da cuenta de que no puede quedarse donde está y que debe lanzarse al río, pues, a pesar de los peligros, por lo menos en esta opción hay la posibilidad de salir de la situación en que se encuentra y que no lo tiene satisfecho. Sin embargo, al elegir esta opción, se encuentra con otras sub-opciones de la misma: Nadar contra el río donde las posibilidades de éxito son prácticamente nulas, o dejarse llevar por el río, donde por lo menos pierde menos energía y... y de nuevo puede elegir agarrarse de alguna rama...

CV: Habría muchísimas del mismo estilo sin que ninguna representara una verdadera alternativa, y eso es lo que se ha visto en la historia. Eso es lo que precisamente genera como una especie de desesperanza, lo que pareciera darle la razón a los jóvenes posmodernistas.

AS: Eso es lo que trataba de terminar de ilustrar al continuar explorando las posibilidades de la metáfora. Eso es lo que quería significar cuando dije que podíamos ver que, en la vida práctica, quedamos atrapados en las palabras, en las posibilidades del *pensamiento* que, aunque necesario, parece ser todo lo que tenemos para dirigir nuestras vidas y por esto es indispensable ver si esto es cierto, si el pensamiento es todo, o si hay que precisar sus límites y posibilidades, y hasta qué punto somos capaces de hacerlo.

CV: Aquí ya se ve claro que en aspectos tan importantes, a través del análisis no llegamos a ninguna parte.

AS: Que el pensamiento no nos ofrece las salidas de esta situación, y al darnos cuenta de esto, Pedro o cualquiera de nosotros, nos estamos saliendo de esta dinámica, de la dinámica de la tautología que describíamos en algún momento. Esta dinámica de la tautología lo limitaba a uno, haciéndole creer que *todo lo que existía era lo engendrado por la estructura mental* (aun cuando uno no sabía de ella), que todo lo que podía ver sólo se veía con los ojos, con la mente o el pensamiento, que todo se limitaba al sistema de ideas, pensamientos, creencias, etc. y a las comparaciones que nuestras mentes pudieran hacer y que, por tanto, su vida estaba determinada por las alternativas que le ofrecía su pensamiento.

CV: En esa situación hemos estado a través de la historia, y podríamos decir que en esa situación está la gran mayoría de seres humanos.

AS: Recordemos que ese era uno de los peligros de las *EEMM.* Que se iban configurando desde la más tierna infancia y continuaban en formación durante toda la vida, de tal forma que, aun cuando en algún momento adquiriéramos lo que se suele denominar como *uso de razón*, éste no estaba en capacidad, en la gran mayoría de los casos, de tomar conciencia de su génesis y por tanto, más adelante, cuando la persona se convierte en adulta, se comporta como si la *EM* no fuera algo formado, construido durante el proceso vital, sino que trascendiera todo esto, al punto que su *IEM* (de la cual en buena parte no es consciente) resulta determinante y absoluta en el sentido de que excluye toda relación, o es incondicionada, casi en el sentido Platónico de la idea de las ideas, comprendiéndolas a todas y bastándose por sí misma.

CV: Por este camino, las personas toman decisiones sobre sus vidas con sus respectivas justificaciones, ya sea para hacerse daño a sí mismas, a los suyos, o a los demás, al punto de que en aras de esas opciones que toman mediante el uso de sus *IIEEMM,* terminan reduciendo todo, tanto sus vidas como las de los demás y la del planeta, a las opciones que se desprendan de las disquisiciones propias de las *IIEEMM.*

46

AS: Así, justifican el crimen, el secuestro, la tortura, todo tipo de horrores, arguyendo que lo hacen por una causa justa, como si estas acciones no fueran la peor de las injusticias, o como si mediante malos medios se pudieran obtener buenos fines. Lo peor es que *por esa ignorancia sobre sí mismos, que es la peor de las ignorancias –quizás la verdadera ignorancia– asumen esas decisiones como algo absoluto, casi como revelado.* Eso es especialmente notorio en los que tienen alguna creencia, ya que la asumen como algo revelado, como proveniente del más allá.

CV: Normalmente, todos estamos en esa dinámica; esa es la dinámica que, si no se entiende, imposibilita el salirnos de las simples opciones que nos ofrece la razón, y que en buena parte de nuestras vidas nos impide cambiar, a pesar de que por miles de años nos hayamos podido dar cuenta del tipo de trampa en la que estamos atrapados; de cómo estamos encasillados en ese juego que reduce todas nuestras posibilidades al contenido del cerebro; de todas esas cosas que se han puesto ahí.

AS: La pregunta es si existe algo que lo saque a uno de ahí y si es posible no sólo verlo intelectualmente, sino vivenciarlo, porque así no sería inútil.

CV: Esa es una verdadera trampa de la cual nuestro país es un ejemplo desafortunadamente sobresaliente. Tenemos muchos problemas, entre ellos la violencia, y queremos salir de ella a través de ella misma. Pero creo que los talleres son una especie de palanca para desencasillarnos, como usted dice.

AS: Cierto; creo que es necesario insistir en que ha habido un avance importante aquí al encontrar medios para posibilitar que las personas vean que ese algo que lo saca a uno de ahí, es el darse cuenta de cómo el "ESO" o la EM fue generada y cómo ya estaba ahí, y aunque parece ser todo lo que tenemos, se puede trascender, rompiendo la tautología en que nos encontrábamos. Eso es ya algo concreto que tenemos y es reproducible, por lo menos en la gran mayoría de los casos que hemos abordado.

CV: Es palpable, en la experiencia de Pedro y de muchos otros, y nos muestra que es tan fuerte, tan contundente, que les puede hacer cuestionar toda una vida, muy seria por cierto, y la cual, para los demás, sería una experiencia de éxito, de una persona que ha tratado de seguir muy seriamente lo que es más justo y más correcto, que incluso piensa que las carreras y los títulos que ostenta no son tan importantes como el conocerse a sí mismo y el trascender lo puramente sensorial.

AS: Cuestionar un esquema mental débil, no muy bien formado y proclive a la moda y a la tendencia del momento, no sería tanta gracia como tomar una persona tan estructurada y desquilibrarle esa estructura mental; esto es lo que nos hace ver lo poderosos que son estos medios que hemos logrado concretar.

CV: Pero precisamente ahí es donde está el peligro.

AS: Claro, las *EEMM* no son tan consistentes como parecen; su fortaleza y cohesión depende de la *tautología* y por esto se da la lucha interna, porque por bien estructurada que esté *la IEM* y por mucho tiempo y esfuerzo que lleve buscando consolidarse y justificarse a sí misma, *no resiste mirarse a sí misma,* pues si se empieza a ver en una forma que no sea tautológica, se empezará a ver como un castillo de naipes, o más exactamente como lo que *es: un castillo de ideas, que a lo máximo que aspira es a ser re-emplazado por otro castillo de la misma especie,* cuando no a que durante su vida sólo sean cambiadas o modificadas las mínimas partes posibles.

CV: Obviamente, va a eludir este verse como lo que es.

AS: Y es ahí donde permanecemos, tratando de buscar una especie de evolución psicológica, tratando de ver la vida como una especie de búsqueda de tablas de salvación, que le vayan permitiendo superar los desequilibrios que nos va generando la vida, no sólo en el transcurso de ésta, sino que, dependiendo de nuestras creencias, de nuestra *EM,* esperamos que haya una tabla de salvación definitiva, donde por fin no haya más desequilibrios.

CV: ¿Cómo se puede ver esto en el caso de Pedro?

AS: Algo que pone muy en evidencia la inconsciencia de las *EEMMCC* es que no escogen las *EEMM* que la mayoría de los miembros de las colectividades "saben" que son las "mejores".

CV: Lo cual es contraevidente.

AS: En el caso de Pedro, él se aferraba a sus sentimientos en una forma tal, que mientras él luchaba consigo mismo, yo pensaba que él quería afirmarme que en su caso había algo tan absoluto, tan especial, tan particular, que no era simplemente producto de la mente: era lo que le permitió elegir con certeza el rumbo de su vida, su vocación religiosa, etc. y, dentro de esta misma lógica, asumía que las creencias, los preceptos, las normas, etc. de su religión no caían en estas categorías de productos de la mente, y se diferenciaban radicalmente de los otros tipos de creencias, de las creencias del musulmán o del budista, o de las creencias de cualquier otra persona.

CV: En cuanto a su génesis y su praxis.

AS: ¡Exactamente! Él creía que eran distintas en cuanto a su génesis y su praxis, y parecía que él se sentía que no tenía sino esas dos opciones: o defender esta posición, su castillo que creía inexpugnable, o seguir mirándolo con cuidado, a pesar de que cuanto más lo miraba, más lo veía tambalear y tender a derrumbarse. El mirarlo tal cual era equivalía –en el sentido metafórico– a seguir cayendo por esta pendiente que se le presentaba después de tanto trasegar en la vida. Cuando ya creía tener algo sólido a que aferrarse, intempestivamente encontraba serios cuestionamientos a todos los fundamentos de su vida, incluso de su vocación religiosa, no hechos por otro, sino suscitados por una experiencia personal, de la cual, por este mismo carácter, era más difícil defenderse.

CV: Aunque ese no era el propósito de la misma, sino lo que ésta había suscitado en él.

AS: A pesar de esto, me preocupaba que él pensara que el proceso era exógeno y no endógeno, lo cual lo llevaría a pensar que "otro" le estaba atacando los fundamentos de su vida, sus creencias, y le estaba promoviendo un relativismo absoluto, lo cual era una forma posible de evadir su responsabilidad, cosa que no hizo en ningún momento.

CV: Ese es uno de los mecanismos de defensa más comunes. Las personas, cuando sienten que las concepciones que ellos consideran básicas en sus vidas parece que no soportan ciertos cuestionamientos, toman dichos cuestionamientos como agresiones personales y, en ocasiones, agreden desde verbal hasta físicamente (según el nivel cultural), como respuesta a dichos cuestionamientos, o ignoran a la otra persona, oyéndola pero no escuchándola. Afortunadamente Pedro no lo hizo, porque se daba cuenta de que aquella persona que suscitaba dichas reflexiones no era la responsable de dicha inestabilidad, sino que ésta se daba por la débil fundamentación de su *EM*.

AS: Pero esas no eran las únicas reacciones que debía manejar durante los talleres; existía así mismo la tendencia que también en Pedro parecía presentarse, y era la de tender a pensar que lo importante era lo que yo sugiriera o pensara. Ahí me era preciso insistir en que lo importante era que él pudiera "ver la verdad" (cosa que les ponía de presente en múltiples ocasiones).

CV: Porque una cosa es tratar de concordar con la persona que coordinaba los talleres y otra cosa era que existiera una verdad, que hasta ese momento era la verdad que ellos no querían ver, ya que la génesis de las concepciones en las cuales cimentaban su vida y que prácticamente les regía su accionar en esta vida, como ya lo dijimos, eran tan válidas desde el punto de vista de su génesis y su praxis como las de cualquier individuo que cimenta y rige su vida en concepciones que a ellos les pueden parecer no sólo equivocadas sino despreciables o dignas de compasión.

AS: En el caso de Pedro esto era más dramático, porque, como lo dijimos, él trataba de ser muy serio en todos sus actos, y el sentir que la elección de esa vocación estaba tan válidamente cimentada como la génesis del que elige sin sopesar sus decisiones, cualquier otro tipo de creencia, etc., podía resultarle devastador; como lo decíamos antes, podía parecerle...

CV: ...que lo que se estaba propiciando era un relativismo total, donde todo era desesperanza y no había nada que diera significado a la vida.

Las IIEEMM con mayor capacidad depredadora son las que se creen mejor fundamentadas

AS: Y volvía al mismo punto: ¿Lo importante era lo que yo o cualquier otro pensara? ¿O lo importante era si lo que podía ver cualquier individuo a través de esta experiencia estaba más allá de sus estructuras mentales; si, independientemente de qué tipo de *EM* tuviera el individuo, existía algo en concreto? Hasta ahí lo que yo quería demostrar era que la validez de todas las estructuras mentales es la misma para efectos prácticos.

CV: Puede que una sea más conveniente social y ecológicamente que otras, pero eso no lo ven sino los que poseen ese tipo de *EM.* Los que poseen una *EM* diametralmente opuesta a las anteriores se sienten tan bien fundamentados como el mejor fundamentado; incluso se sienten más seguros de ellas y de las acciones que ellas les indican que la mayor parte de los demás.

AS: *Nadie le puede decir al sicario que tiene una estructura mental menos buena que la de los demás.* Puede que, para la sociedad, mi *EM* le pueda funcionar un poquito mejor; pero para el sicario, en la *tautología* de su *EM,* sus acciones dirigidas a dejarle la casa a la mamá, así lo maten, son lo más cuerdo y lógico que puede hacer, y precisamente por esto lo hace. Para él, su estructura mental le funciona; entonces, ante eso, todos podemos sentir que nos echamos al vacío y que no quedó nada...

CV: Es precisamente ahí donde las personas sienten que "se les puso una bomba" que despedazó lo más íntimo y sagrado para ellos. No es fácil para alguien que ha llevado una vida disciplinada, con cierto grado de ascetismo, tratando de hacer el bien a los demás, que ha tratado de seguir un camino que él considera recto y que, a pesar de lo arduo que puede resultar mantenerse en él, se ha sostenido en lo que él considera más conveniente para él y para la sociedad, quedar casi como al mismo nivel de los que no sólo se hacen daño a sí mismos, sino que también le hacen daño a la sociedad. Eso es enormemente frustrante. Ellos lo pueden ver como una agresión. Es también interesante ver que no lo tomaron así.

AS: Ahí es necesario seguir insistiendo en el punto que mencionaba hace un momento: ¿Lo importante era lo que yo o cualquier otro pensara? ¿Lo importante era si cualquier individuo podía ver, percibir por sus propios medios, no creyéndole a alguien, sino dándose cuenta, por sí mismo, de que la validez de todas las estructuras mentales es la misma? Eso no está sustentado, como ya lo mencionaba, en una creencia o en la autoridad de alguien que lo dijo, sino que cada individuo lo puede ver por sí mismo y además, que la experiencia lo corrobora.

CV: Así la sociedad haya tratado de estimular la existencia de ciertas *EEMM* y no de otras.

AS: Es más, precisamente por el desconocimiento que se tiene de las EEMM y de sus efectos en las vidas de los individuos y de la sociedad, por eso *la sociedad cree que el problema es el de enseñar ciertos principios y valores y que por esto los individuos serán mejores seres humanos y la sociedad será mejor.* Por esto, solemos caer en el eterno problema de creer que todos los problemas se reducen a encontrar la *EM* más conveniente, como si todas no fueran equivalentes, y como si no hubiéramos perdido muchas generaciones tratando de encontrar el camino adecuado (la *EM* adecuada), tanto para los individuos como para las sociedades.

CV: Pero como usted lo decía, lo normal es que la gente no sepa que el problema es de *EM.*

AS: Cierto, y por eso se dedican a maquillar lo que los hace actuar como lo hacen, sin darse cuenta de qué es lo que están haciendo. Observe que, prácticamente por eso, *continuamos reduciendo todos los problemas a problemas de adoctrinamiento y ahí terminamos en las eternas luchas* que se han presentado a lo largo de la historia, donde cada grupo trata de imponer su doctrina a los demás, supuestamente con la intención de "hacerles el bien", de "hacerles ver lo que les conviene" y, para lograr esto, llegan incluso a extremos de matar a los que –según ellos– se oponen al triunfo de su doctrina; no les importa siquiera tener que matarlos, ya que *la causa que invocan se torna como más importante que aquellos a quienes supuestamente se les quiere hacer el bien.* Estos caminos los hemos recorrido durante toda la historia y prácticamente ya sabemos a dónde conducen, mejor, a dónde nos han conducido;

pero, a pesar de que sabemos que no funcionan o que funcionan mal, no nos atrevemos a ir más allá.

CV: Sí; ahí se ve una vez más la *tautología* en acción; se ve su eterno retorno.

AS: Es más: parece que, como consecuencia de esto, hemos entrado en una época de escepticismo, de agudización del individualismo, de una búsqueda de satisfacción personal, donde pareciera que no hay lugar a sueños colectivos, ni a la búsqueda de un mundo mejor, debido a que, como ya lo mencionábamos, *se ha visto que a los que dicen buscar un mundo mejor, a los que dicen buscar la justicia, no les importa cometer las más grandes injusticias en aras de la justicia.*

CV: Y esto ha sido una constante a través de la historia; se ha presentado en demasiadas ocasiones. No sólo ocurrió durante las cruzadas o la inquisición, sino que se presentó en la Unión Soviética y se está presentando en nuestro país.

AS: Han sido personas con buenas intenciones, que terminan sacrificando sus vidas, las de sus familias, sacrificándolo todo en aras de sus creencias, las que han cometido grandes atropellos contra la humanidad. Así que *la gente siente que siempre la han manipulado y ya no cree en nada más que en lo que le proporcione satisfacción lo más inmediata posible y lo más duradera,* y así, la vida se convierte en una búsqueda continua de placer y un tratar de disminuir y, ojalá, evitar el dolor, prácticamente un hedonismo a ultranza.

CV: Claro; la *tautología* funciona en todas las personas, pero es más grave el daño que hacen aquellos que creen que su *EM* es la verdadera y que están dispuestos no solo a defenderla sino a imponérsela a otros, y así producen casi los mismos males que pretenden solucionar. Eso, desafortunadamente, parece que ha ocurrido en causas aparentemente loables, que por lo mismo parecen justificar cualquier acción para defenderlas y ponerlas en práctica y es ahí donde se tornan peligrosas. Pero es aquí donde uno se pregunta cómo se puede romper este círculo vicioso, ya que, si la gran mayoría ni siquiera es consciente de que el motor de sus acciones, lo que lo hace actuar como actúa es la *EM* y, por tanto, no puede ser consciente de que ésta es tautológica, ¿cómo puede salir del círculo vicioso?

AS: La única manera que he visto es darse cuenta de la existencia de la EM y de que ésta es tautológica; el darse cuenta de que estamos atrapados en una estructura mental, sin importar si somos musulmanes, budistas, católicos, guerrilleros o comunistas y que ninguna es mejor que la otra, que son equivalentes en cuanto a su génesis y a su praxis.

CV: ¿Cuál es el efecto práctico de esto?

AS: El efecto práctico de darnos cuenta de que estamos atrapados en una estructura mental, en las ideas, en los conceptos, en las creencias, y el creer que *eso* es el principio, el medio y el fin de la vida; el darse cuenta de que cada cual proyecta a partir de eso su vida, lo que considera como la forma de realizarse y lo que considera que debe ser la sociedad y el mundo, si lo ha visto por sí mismo, le permite redimensionar las expectativas y posibilidades de su EM y le impedirá el tratar de creer que la suya es la mejor o la más válida, o la única que justifica ser impuesta a los demás. Ese es el principio de la ruptura de este círculo vicioso. A partir de ahí, con toda humildad, empezamos un camino de investigación en el condicionamiento en el que estamos metidos y en la formación de las *EEMM.* Esa investigación nos toca hacerla a todos como sociedades y a cada uno como individuos.

Lᴀ ᴄᴏɴᴄɪᴇɴᴛɪᴢᴀᴄɪóɴ

Primero fue el Marxismo, luego el Freudianismo, ¿Ahora Las *EEMM?* ¿Es esta la nueva versión?

CV: Es cierto que ya hemos hecho un gran avance al tener herramientas, al poder propiciar que cualquier persona se pueda dar cuenta por sí misma de que es controlada por una *EM.* Ese poder ponerla en evidencia es muy importante, y es importante que, sin importar el credo o la ideología de la persona, si ella está dispuesta a someterse a la experiencia, lo pueda ver. Ahí hay un camino. Hasta ahí estamos de acuerdo. Pero es ahí donde viene la pregunta que le he hecho en otras ocasiones en relación con los Freudianos y los Marxistas: El psiquiatra freudiano pensó que hacer aflorar a la conciencia el complejo dinámico que hay ahí inconsciente era suficiente para producir "la curación del neurótico" y lo que se encontró es que cinco o seis años de esfuerzo para traer cosas a la conciencia, en algunos casos alivia un poco ciertos síntomas agudos, pero a la hora de la verdad, los conflictos prosiguen y la mayoría de las personas no cambian. Y si la neurosis es un poco más profunda, ya *border-line psychotic,* como dicen los psiquiatras.

AS: Pues el psicoanálisis ya no tiene nada que decirles.

CV: Ahora, otra cosa es la segunda comparación con los marxistas, que pudiéramos llamar Neomarxistas, en el sentido de los escritos del joven Marx, no del Capital. Ese grupo pensó que la concientización era la tarea más importante del activista marxista; no era tanto irse a la guerrilla, organizar una huelga ni nada por el estilo, sino hacerle traer a la conciencia del proletariado su condición de explotado, manipulado, dominado, de oprimido.

AS: –Según la palabra que se usara–

CV: Y que la sola adquisición de la conciencia ya producía el comienzo de la transformación importante que iba a llevar al hombre nuevo. Esta línea, llamémosla Che Guevara, o Lucacs, se diferenciaba de la línea más ortodoxa en la que simplemente se trataba de agudizar contradicciones, y dejar que la economía siguiera su dinámica, y así, la conciencia vendría después como resultado de unas nuevas relaciones sociales. Entonces, el fracaso de ambos paradigmas: el de la curación por afloramiento de la conciencia del Freudismo y el de la redención del mundo y del proletariado por la toma de conciencia de su condición de explotado, de dominado, de oprimido, por parte de este marxismo de los manuscritos o Neomarxismo, lo lleva a uno a preguntarle a usted: ¿Esta es la versión que sigue al Freudianismo y al Marxismo? ¿Esta es la versión que los va a reemplazar? ¿Estamos en una tercera versión de toma de conciencia, en este caso, de las *EEMM*?

Parte y todo

AS: El trabajo en las *EEMM* no toma la parte por el todo, como sí lo hicieron tanto el Marxismo como el Freudianismo, los cuales simplemente *cometieron el mismo error con diferente objeto*: el uno con creer que trayendo a la conciencia ya sean los traumas, los complejos y demás, se arreglarían los problemas, y el otro, que mirando la parte de la inserción económica de la persona en las estructuras de explotación, pues, apenas se tuviera conciencia de eso, se arreglarían las cosas...

CV: Sí, pero alguien podría decir que la idea implícita en el trabajo de las *EEMM* como tercera versión sería: una vez que usted caiga en la cuenta de la génesis de sus EEMM, de cómo todas las IIEEMM son prácticamente lo mismo y de cómo operan, pues se arreglan las cosas. Hay que precisar muy bien en qué sentido no es lo mismo...

AS: Yo estaba tratando de aclarar que, precisamente, no es lo mismo, porque no pretende tomar la parte por el todo, sino que trata de mirar de una vez la totalidad de esas estructuras, llámense psicológicas, sociológicas, culturales, políticas, económicas, etc., no como entes separados, sino viendo la forma en que se articulan y reflejan las estructuras mentales de quienes las producen, a la vez que, a medida que se modifican, contribuyen a modificar las *EEMM* de las que forman parte. Lo que tratamos es de entender la totalidad, el movimiento completo de la conciencia y del pensamiento (tanto individual como colectivo) y todas las interacciones que se dan, incluso con el medio ambiente.

CV: O sea que el Marxismo, por ejemplo, apela a que los "explotados", tomando conciencia de su condición (una pequeña parte de su *EM* que tiene que ver con una coyuntura), saquen las energías necesarias para sacudirse de ese yugo.

AS: Leyendo de otra manera, esta misma frase se traduce en que los explotados se deben ver y sentir tan mal de no tener lo que tienen otros y prácticamente apelando a la envidia y al resentimiento, se trata de que estos sean tan intensos que los hagan actuar en contra de sus explotadores para sacarlos de esta condición. Eso ya sabemos lo que ha producido y de ahí su fracaso. Nosotros *no estamos tratando de operar sobre los efectos*, sean estos traumas o explotación, *sino sobre las causas de estos, es decir, sobre las estructuras que las producen.*

CV: ¿No será que estamos cayendo en algún tipo de manipulación posmodernista de los medios de comunicación, para que precisamente esa desestructuración mental les sirva a ellos para multiplicar sus mercados, para manipular más fácilmente a la gente, para impedir cualquier tipo de organización que se les oponga? Esa es siempre una pregunta que debe quedar para periódica revisión. De todas maneras no se debe olvidar "tener en el congelador" esa pregunta, para sacarla de vez en cuando. Creo que hemos adelantado bastante, pues como decía usted, en primer lugar, cuando se trata de describir las Estructuras Mentales hacia las cuales tendemos, no podemos caer en la tentación de volverlas a describir como una más de aquellas de las cuales salimos, algo así como agregar un carril más a otros existentes, sino precisamente que se trata de saber quitar los rieles y seguir caminando en una exploración personal; en segundo lugar, me parece que también usted describió muy bien la relación entre parte y todo.

AS: Sí, generalmente, todos los grandes metarrelatos han tratado de mejorar el todo por la parte y han apelado a la enunciación de postulados, de los cuales se espera que por medio de su formulación serán aprendidos y puestos en práctica, es decir, afectarán la conciencia, impulsándola a la acción. Y así como lo veníamos diciendo, en el caso de los Marxistas, lo que generan es resentidos y, en el caso de los psicólogos Freudianos, terminan generando un culto a la libido, que le da más importancia a una pequeña parte de la persona que a la persona misma, terminando por hacerla entrar en una estructura mental en la cual considera que el sexo es determinante para su vida, en lugar de que ella vea, como efectivamente sucede, que el sexo es sólo una parte, un componente de su vida, como lo es para el cuerpo un brazo o una pierna, y a pesar de la importancia de estos miembros, uno no le rinde culto al brazo o a la pierna.

UNA VISIÓN HOLÍSTICA

CV: También usted añadía una cuestión ya positiva de esa meta, que usted representaba con tres círculos: *el círculo de la persona en sí misma, el círculo de la colectividad* en que vive *y el círculo ecológico,* vistos como un todo, con sus interrelaciones e interdependencias. La persona, desde esta visión holística, puede ver claramente el lugar que ocupa en esa totalidad, así como los efectos de sus acciones dentro de la misma y, por lo tanto, uno, sin necesidad de preocuparse mucho ni de hacer sacrificios o ser heroico, pues uno simplemente ve diáfanamente lo que no es conducente y no sirve y tampoco es importante; entonces, no le hace daño a ninguna de las partes de esa totalidad, sin necesidad de represiones, ni de prohibiciones, ni de inhibiciones y todas esas cosas...

AS: Sí, es ese el verdadero sentido de la educación. Aquel en el cual se forma a las personas para la libertad, para investigarse a sí mismas y al mundo en general, tratando de establecer la mejor relación con todos y para todos, tanto dentro de las aulas como fuera de ellas, sin carriles, sin interés propio, lo cual implica formar individuos responsables no sólo de una función o actividad específica, sino de la totalidad. Sin interés propio o sin motivo quiere decir también, que no están buscando aplausos por hacer lo que hacen, ni posiciones o prestigio o cualquier tipo de ascensos en las así denominadas "escalas sociales".

CV: Pero eso, además, se ilustra nuevamente en su caso personal (una vez más no por la persona en sí, sino por lo que el caso representa o ilustra). Como decíamos, a manera de ilustración, en su caso no sólo yo, sino la gente, ve a través de ciertos comportamientos suyos, como si hubiera tenido una formación de seminario, o de jesuita, al punto que lo consideran rígido como un riel, o un anacoreta, cuando en realidad la situación es muy diferente.

AS: Todo lo que se trata de percepciones, es muy difícil.

CV: Yo creo que ahí se avanza un poco en una descripción más positiva de las metas hacia las que uno pretende que la persona camine y en poder darle algunas indicaciones para que no se pierda en ese camino; entonces, de nuevo pongo la comparación del chamán que le dice a su discípulo: "Ojo, que usted va a ver un poco de animales muy miedosos en esos viajes; pero no les tenga miedo, que esas son visiones; pero de pronto va a ver algún animal que le gusta y que no se escapa cuando usted se le acerca y ese puede ser un animal que lo acompañe en sus futuros trabajos con los enfermos o con las personas que le pidan consejo".

AS: ¿Qué implica eso?

CV: Aquí el chamán no le dice qué animal va a ser el suyo, no le dice puntualmente qué tiene que hacer en cada uno de esos momentos, sino que lo anima a seguir adelante en ese camino, a buscar las cosas que son peculiares suyas y que va a ser ese chamán que va a sentir que su vida es satisfactoria y plena y que no es copia de la de los demás; no es simplemente un repetidor de las enseñanzas del chamán. Aunque ellos insisten mucho en hacerle aprender una cantidad de cosas de memoria, a distinguir una cantidad de animales y plantas; pero ellos lo toman como un mero medio para el fin, que es el de lograr que su discípulo llegue a ser un nuevo chamán diferente, inédito.

AS: Claro, eso tiene sentido así; el conocimiento tiene sentido ahí, porque, indudablemente, si para un muchacho su animal mitológico es el lobo o el cordero, o son las plantas, lo que le fascinan, si son lo que armonizan más con su ser, pues hay que fomentarle ese conocimiento, enseñarle a que lo disfrute mejor, a que con él pueda beneficiar a la humanidad, a que este conocimiento le ayude a su realización personal; si al otro le gusta mucho la pintura, por ejemplo, pues entonces hay que fomentarle ese tipo de conocimiento en igual forma que al anterior; pero, antes que eso, hay que enseñarles que hay unos conocimientos globales que es necesario aprender y que le dan un marco de referencia.

CV: Ahí está *la educación*, ese *es el medio*; el niño está creciendo y nosotros somos los que le formamos la estructura mental que pugna con las demás *EEMM* buscando su prevalencia; desde el principio lo estamos adoctrinando para que produzca lo que ya conocemos y así, la estructura mental crece en ese sentido.

AS: Pero, si desde pequeño le estamos enseñando lo contrario, a ver, a percibir, a compartir, *a distinguir lo que es verdadero de lo que es falso*, pues el muchachito en su proceso de crecimiento, *no está aprendiendo a creer sino a distinguir,* a ver cuál es la verdad, a estar alerta, atento, despierto. En fin, a comprender qué es la sensibilidad y por tanto a evitar la formación de hábitos rígidos y el condicionamiento que estos implican; eso será ya un gran avance.

CV: Y ahí ya no estamos en lo mismo, puesto que no estamos creando cada vez más y más carriles, e incluso si aún decidiéramos seguir sobre algunos carriles, al menos tendríamos más cuidado de respetar los de los demás, y no trataríamos que nuestro carril prevalezca, que sea el mejor y que los demás no existan.

AS: Ahí veo un problema porque bajo las tradicionales perspectivas que estamos examinando, no hay solución, mientras que en esta perspectiva que estamos proponiendo, yo veo que todo está resuelto. Y lo decía al principio: me parece a veces fuerte porque le he dado muchas vueltas, claro que me gusta ese sentido de espejo con el que Carlos Eduardo me incita a que le busque nuevas posibilidades, que lo trate de poner a prueba todo el tiempo. Porque realmente me gustaría encontrarle puntos débiles al asunto y porque, a veces, empiezo a creer que estoy creándome otro dogma y eso me preocupa.

CV: Es que necesitamos que alguien ponga el espejo, que nos refleje, para irnos depurando, para vernos con más claridad.

BÚSQUEDA INDIVIDUAL

AS: *Lo trascendente, lo que nos asombra o maravilla a unos, y a otros no, es algo que es muy importante para la formación de las nuevas generaciones* y considero que tenemos que tratarlo, así sea brevemente.

CV: Creo es muy lógico y oportuno y se encadena muy bien con lo que veníamos tratando en relación con el caso de la *religiosidad* de Pedro. Claro que en relación con ella, no todo puede expresarse muy bien en tercera persona, pues estaríamos especulando sobre algo muy íntimo y personal, y por tanto así uno no se sienta nunca cómodo, por momentos deberemos de dejar la tercera persona y llegar incluso a pasar a la primera si esto resulta imprescindible.

AS: En eso precisamente estaba pensando: hasta dónde podíamos ir en tercera persona, puesto que sobre este tipo de experiencias, hay otra parte que siento y veo clara, pero que no la puedo expresar en torno a Pedro, sin, como usted lo dijo, caer en la más flagrante especulación.

CV: Pues si no hay otra alternativa, dígalo en primera persona, ¿Qué le vamos a hacer?

AS: Con los riesgos que esto tiene lo haré para tratar de reconstruir en un caso vivencial lo que podría estar pasando con Pedro.

CV: Bueno, no tantos preámbulos. Empiece.

AS: Siempre he tenido gran interés, gran afinidad, por lo trascendental. Fui educado muy esmeradamente dentro de la religión católica, sintiendo un gran fervor por la misma desde muy temprana edad, al punto que, en los recreos, mientras los demás compañeros estaban jugando, prefería ir a leer cuentos de vidas ejemplares y biografías ilustradas de los santos.

CV: No me diga.

AS: Mi futuro lo sentía tan definido, que estaba dispuesto a irme al seminario desde muy pequeñito; pero en mi casa me sugirieron que, dado que mi vocación era tan sólida, esperara a terminar el bachillerato para hacerlo y así lo hice. Para mí el futuro era muy claro. Como mi prioridad era todo lo que tuviera que ver con religión, me fui empapando de las otras religiones, encontrando demasiadas similitudes entre ellas y viendo cómo las diferencias eran más de forma que de fondo. Dado que se me había inculcado que la religión católica era la verdadera y que, por tanto, las demás estaban equivocadas, el conocimiento de que ellas decían prácticamente lo mismo me empezó a sembrar la duda acerca de qué religión tenía la razón, y así empecé a acariciar otras posibilidades, como la de considerar que yo pudiera estar equivocado, o que todas las religiones lo estuvieran.

CV: Una pregunta muy lógica…

AS: Alrededor de los 11 años, ese proceso de darme cuenta de que la religión católica "no era la mejor", en el sentido de que no era la verdadera y que las otras eran desviaciones de la primera, por no decir herejías (como nos habían enseñado), hizo crisis. Sufrí mucho, y fue muy duro para mí (como me imagino estaba siendo para Pedro durante el trabajo en *EEMM*), porque, como ya lo había dicho, eso para mí era muy importante, casi que fundamental y único.

CV: Muy serio.

AS: Mi condicionamiento era muy sólido. Ante esa especie de desengaño, la reacción fue algo así como buscar lo más opuesto posible, irme al ateísmo, saltar lo más lejos; pero, después de muchas vueltas y sufrir mucho (porque uno sufre al perder esa base, esa seguridad para soportar esto que a veces es tan duro), me doy cuenta de que estaba otra vez en otra religión; así se llame "atea" o se le coloque cualquier otro nombre, mi nueva religión fue no creer en Dios y desde entonces mi nuevo condicionamiento fue el materialismo. Eso era muy concomitante con la época (años 60), con la *IEMC* dominante, en la cual, el medio ambiente ayudaba mucho a optar por eso, por esa otra ideología, por "el carril de moda y de avanzada", el cual al fin y al cabo no era otra cosa que más de lo mismo, algo a lo que uno se agarraba por aquel condicionamiento histórico de que debía estar aferrado a alguna cosa, mientras le faltaba todo.

CV: Eso es algo devastador, especialmente cuando se sabe que nunca lo material compensa lo espiritual.

AS: Cierto, pero ese *darse cuenta* (muy doloroso y desgarrador) de que simplemente había cambiado de carril, de condicionamiento, de ideología, cayendo en "el carril de moda y de avanzada", fue el principio del rompimiento definitivo con ese condicionamiento histórico de que los seres humanos debíamos estar aferrados a alguna cosa, mientras nos faltaba todo. De que, como dicen en el argot popular: "algo es algo y peor es nada".

CV: Es muy buena la comparación, no sólo con Pedro, sino con los que pasan por la experiencia de *EEMM*, porque se puede ver que cuando dicen que: "los deja sin piso", es exactamente eso; les posibilita que se den cuenta de que no hacemos sino cambiar de carril, cambiar un condicionamiento por otro. El problema es que como no hemos podido hacer un seguimiento, no sabemos si caen en los dobles juegos de saberlo pero no hacer nada al respecto. Al fin y al cabo, la homeóstasis tiene que ser muy fuerte, puesto que no sólo el medio los presiona a continuar con lo mismo, sino que es toda una vida la que tendría que cambiar. Según el caso, son muchos años en ese condicionamiento y ya es mucha gracia que con una experiencia de muy pocas horas se logre "dejarlos sin piso", así sea por algún tiempo, que es lo que nos consta, ya que no sabemos de ellos mucho más.

AS: Es que para mí, ver que lo único que hacíamos en la vida era cambiar un condicionamiento por otro fue muy difícil, porque sentía que si no tenía algo de qué agarrarme, iba a terminar siendo algo así como una especie de computador sin *software*, sencillamente no funcionaría. Como esto había sido así por miles de generaciones (esa había sido la forma de operar que hemos tenido los humanos), parecía muy anormal el pensar que ninguno de todos los muy variados *software* que nos habían puesto por medio de la educación a lo largo de la historia de la humanidad tuviera el valor que le veníamos dando…

CV: Sí; se debía sentir en una crisis muy profunda, puesto que dudar de la validez de todo lo que ha sido más importante para la humanidad a tan temprana edad no es fácil; parecería un atrevimiento, incluso para usted mismo…

AS: Claro; uno venía educado en la creencia, en la confianza en que lo que le enseñaban era lo verdadero; a uno le habían enseñado qué era lo verdadero y cómo se juzgaba qué era lo verdadero, y si uno empezaba a dudar de todo eso, ¿en qué quedaba? Como era obvio, las crisis, las depresiones muy profundas, la carencia de sentido duraron mucho tiempo. Lo peor es que todas las cosas que uno podía entender a la luz de una verdad prácticamente absoluta como eran las infinitas muertes que nos ocasionamos a través de toda la historia, por la prevalencia de credos o ideologías, se hacían incomprensibles, se empezaban a sentir como algo totalmente inútil, como actos totalmente bárbaros.

CV: Pero, el darse cuenta de que los credos o ideologías no debían enfrentarnos no quiere decir que haya que eliminarlos; obviamente, tampoco luchar por su prevalencia y menos matarnos por ellos.

AS: Eso era parte de la dicotomía que afrontaba mientras todavía creía que el problema se solucionaba cambiando de carril; pero cuando me di cuenta de que todos los carriles eran más de lo mismo, que uno solía entregar la vida por ellos, e incluso que algunos terminaban literalmente inmolándose por su carril, pues todo se desplomó: ya no les veía ningún sentido, habían perdido para mí su condición de esenciales, ya no podía creer en promesas de salvación o en la autoridad de estas ideologías o credos, puesto que había entendido que en esa forma los individuos terminábamos siendo simplemente herramientas en manos de los expertos o de los grupos, y a eso era a lo que nos habían condicionado.

CV: Una verdadera crisis.

AS: Sentía que nos habían acostumbrado a identificarnos con la memoria, con lo que nos ponían en ella, a sentir que éramos su contenido, y a sentirnos como tales. Y así, aunque buscáramos la trascendencia, el ver si había algo más allá de la memoria, del pensamiento, siempre terminábamos postulando credos, religiones, dioses, etc. Y al fin y al cabo, pensaba yo, ¿acaso no terminaban todos ellos siendo producto de la memoria, del pensamiento, de lo que nos habían enseñado? Eso no quería decir que desconociera que en lo funcional y en lo mecánico necesitáramos de la memoria, de aprender un idioma, unas costumbres para vivir en sociedad, etc., y que, naturalmente, ahí la memoria y el pensamiento tenían su lugar. Pero de ahí a considerar que somos nuestra memoria, nuestro pensamiento y a identificarnos con ellos, llegando incluso a matarnos por ellos, sobre todo sin darnos cuenta de lo que estamos haciendo, es decir siendo inconscientes de nuestras *EEMM*, eso es otra cosa.

Espectáculos y milagros

CV: Pero, aunque eso que usted dice ocurra con demasiada frecuencia, hay algo en casi todos nosotros que nos dice que hay algo más allá de la vida cotidiana. Casi todos hemos tenido, así sea raramente, pero lo hemos tenido, experiencias que van más allá, que trascienden el pensamiento, que ocurren, por así decirlo, fuera de él, que no son simplemente la continuidad del pensamiento, sino quizás ocurren precisamente cuando la mente deja de pensar en términos de su propia continuidad. Puede que esas experiencias (si se las puede llamar así) sean la base que tantas y tantas generaciones han usado para fundar las organizaciones religiosas que, como usted dice, terminan en la mayoría de los casos siendo muy poco religiosas; pero no por esto se puede negar que esas raras experiencias, que han ocurrido también por tantas y tantas generaciones, no constituyen por lo menos alguna evidencia de que hay algo desconocido, inconmensurable, por qué no decirlo: sagrado.

AS: Cierto, pero observe que usted lo ha dicho muy bien, esas experiencias ocurren precisamente cuando la mente deja de pensar en términos de su propia continuidad, que ocurren no cuando el cristiano ve a Cristo, o el budista ve a Buda, pues al fin y al cabo han sido condicionados a ello, sino precisamente cuando trascienden esos condicionamientos. Son algo así como éxtasis sin motivo, sin razón, sin deseo de que se repitan, muy diferentes a los placeres cotidianos ocasionados por algo o alguien. Como se dice en los diferentes libros sagrados: ocurren cuando la ilusión ha cesado por completo.

CV: Sí; y por eso es que lo que tiene que ver con *lo inconmensurable, lo sagrado,* se relaciona fácilmente con *lo desconocido* y por eso en todas las culturas hay tan pocos, son muy raros, los que se pueden o quieren acercar a este tipo de experiencias. Casi nadie quiere seguir esas sendas de lo desconocido, esos caminos en los cuales no hay ninguna promesa, seguridad, ni garantía; casi nadie quiere ser un individuo autónomo o como decíamos antes, un Chamán. Por el contrario, precisamente los factores que desde las falacias de las *IIEEMM* buscamos son: la seguridad, la certidumbre, tanto subjetivamente como objetivamente, en última instancia, la propia seguridad personal. A propósito, usted estaba hablando de su experiencia personal, tratando de arrojar así una luz indirecta sobre las personas que entraban en la experiencia de las *EEMM*, y en particular de Pedro.

AS: Sí; en esa misma línea, estaba diciendo que después de estar en esa dicotomía de ver que lo único que hacíamos en la vida era cambiar un condicionamiento por otro, sintiendo que teníamos que operar con algún condicionamiento, porque si no, seríamos algo así como una especie de computador sin *software*, que sencillamente no funcionaría. Estando así por mucho tiempo, sufriendo mucho, casi agotado de buscar, encontré una especie de experiencia de esas raras como las que veníamos describiendo. Ocurrió cuando me di cuenta, con una especie de comprensión actuante, de que esa armazón era una armazón creada hace miles de años, quizás millones, y que esa armazón me había impedido ver que los *milagros* estaban todos lo días al pie mío. ¿Acaso no era yo mismo o cualquier ser vivo un milagro? Que estemos vivos, que los dos estemos conversando, o que podamos mover una mano, ¿no son milagros?

CV: Claro, es que, al menos por lo que conocemos, lo raro es que haya vida como la conocemos; hasta ahora, con todos los avances que tenemos, sólo en este grano de arena que es la Tierra con respecto al universo, hay vida. Por más que la ciencia y la tecnología avancen mucho, por muchos adelantos que logren, todavía está muy lejos el día en que puedan hacer un robot siquiera un poco parecido a un ser humano.

AS: Exacto. Fue como si hubiese estado caminando en una neblina muy cerrada y de pronto que ésta se hubiera disipado. Lo obvio, una verdad casi que de Perogrullo (que sin embargo no había podido ver hasta entonces) se me había revelado; había tomado conciencia actuante de la misma. Los milagros estaban ahí no más; así como estaba vivo ahora, también podía perder la vida en el instante siguiente. En fin, me daba cuenta de que si en lugar de tratar de responder a muchos interrogantes con la mente, como por qué existe ese árbol, ese animal ahí, o por qué todo está tan armónico, experimentaba su existencia con todos mis sentidos, con el corazón, con todo mi ser, eso era para mí un milagro. Estoy tratando de expresar algo que es casi innombrable, por lo cual estoy sintiendo que al meterme a postularlo con la palabra, con la mente, lo estoy como manchando.

CV: No es fácil hablar de esto.

AS: Y esa era precisamente la paradoja: que el condicionamiento de mi mente había sido tal, que me había hecho creer que tenía suficientes elementos para decir en un momento que Dios existía, y un tiempo después que no existía, en una completa falta de humildad, puesto que en ninguno de los casos había tenido buen juicio, ya que en esas ocasiones estaba asumiendo como que lo que existía en mi cabeza era todo lo que existía, y era eso precisamente lo que me había estado impidiendo ver estos milagros, estas otras cosas, que si uno las mira con cuidado, son maravillosas.

CV: Es que por más religioso que uno se sienta, o diga ser, uno vive obsesionado todos los días con sus búsquedas y sus logros dentro del campo del pensamiento, dentro del condicionamiento de lograr el éxito, ya sea este material o espiritual, que al fin y al cabo sigue siendo éxito, y por ello uno se olvida de uno mismo, de su cuerpo y sólo lo nota como un estorbo para sus propósitos, ya sea por cansancio, enfermedad, etc. Uno como que lo da por sentado, por obvio, que este cuerpo es simplemente un instrumento para sus fines, que en esas condiciones no son otra cosa que los fines de la mente, del condicionamiento, de las ilusiones de las *IIEEMMCC* en que uno creció.

AS: Sí; es que estas verdades, aparentemente de Perogrullo, no lo son tanto. Una vez me di cuenta de ellas, me sentía como tonto, como si hubiera caído en la cuenta de algo que para cualquier persona podría parecerle demasiado elemental, y por tanto empecé a tratar de ver si era así. Al princípio, con mucha timidez, procuraba constatar esto en otras personas y me sorprendía mucho al oír sus respuestas. Sin embargo, ver que a las demás personas les pasaba lo mismo que lo que me había pasado a mí; que actuaran dirigidas por sus condicionamientos, por su *IEMI*, sin darse cuenta de ellos, como si estos fueran verdades absolutas; que no tuvieran una conciencia actuante de sí mismas; que no se maravillaran de sí mismas; que estas verdades no fueran obvias para ellas me causó una gran sorpresa.

CV: A pesar de lo obvias que parecen, no lo son tanto.

AS: Ahora y desde ese entonces (hace ya bastante tiempo), trato de hacer algo similar con mis estudiantes, preguntándoles, por ejemplo: ¿Qué ocurriría si entrara un robot caminando por la puerta?, y ellos, en términos muy variados, responden: "Cheverísimo, nos quedaríamos asombrados, abismados, etc." Enseguida les vuelvo a preguntar: ¿Qué ocurriría si entrara un compañero caminando por la puerta?, y ellos se ríen nerviosamente como si hubieran sido cogidos in fraganti en algo inesperado, en algo así como un error. Ante esto, yo agrego: "Observen cómo es nuestra forma de juzgar, de valorar, cuál es nuestra escala de valores, cómo nos asombra lo extraño, lo raro, sólo por ser raro o extraño, y no por su valor en sí, incluso desde el mismo punto de vista del pragmatismo. Por ejemplo, aunque la función a comparar sea, muchísimas veces, mejor en uno que en otro, uno se asombra con el robot (con todas sus limitaciones), pero si entra otro compañero, uno no se maravilla".

CV: Al menos de lo que aparentemente se debería maravillar... Es que desde esa perspectiva habría tantas y tantas cosas para vivir en una especie de asombro permanente.

AS: Claro, eso debería ser la vida: un estado de asombro permanente. Es que por ejemplo: ¿Cómo no podríamos decir que es algo maravilloso esta misma capacidad de auto-reflexionar sobre nosotros mismos y de ser capaces de encontrar "verdades", de mejorarnos, de cambiarnos, de transformarnos? Si todo esto no es admirable o maravilloso o milagroso, entonces ¿qué lo es?, ¿Acaso todo esto no es más valioso que las curaciones o las resurrecciones? Éstas pueden ser maravillosas, pero de hecho los médicos todos los días están haciendo esos milagros, los han convertido en una práctica cotidiana, tanto que buena parte de las enfermedades por las cuales hace unos años, si uno las llegaba a adquirir, estaba algo así como condenado a muerte, es decir, era raro el que se salvara, hoy simplemente las curan y nadie le rinde culto, ni pleitesía ni al médico ni a la ciencia.

CV: Afortunadamente. Precisamente por eso, así puedan parecerle a uno lo más extraordinarias las experiencias que uno presencie o viva, no hay autorización para creer que uno tiene la verdad absoluta, como lo han hecho las múltiples organizaciones religiosas; de creer que sus milagros y sus dioses son superiores a los de los demás, y que por tanto, por el bien de ellos, deben convertirlos a su credo. Ese es un eterno y recurrente problema: se empieza por una especie de asombro, por un sentido de trascendencia, pero ya se sabe dónde se termina pues la historia está plagada de ejemplos.

AS: Claro, y creo que por eso usted, a través de este trabajo en *EEMM*, ha sentido que tengo reservas, como si no quisiera que otras personas lo pudieran realizar.

CV: No soy yo, yo solo le cuestiono lo que algunas personas cercanas y no tan cercanas pueden estar pensando.

AS: Guardando las proporciones, como usted lo decía acerca de que la historia está repleta de ejemplos de lo que no se debe hacer. De seres humanos que han visto y que siguen viendo que cada ser humano debe descubrir por sí mismo, librarse de todo aquello que le impide ver por sí mismo y pensar por sí mismo, algo que en nuestro lenguaje diríamos: liberarse de la inconciencia de las estructuras mentales, y esa insinuación, que es lo único que ellos pueden hacer, no ha sido comprendida y menos llevada a la práctica.

CV: Se suele entender como que quien les dice eso, y quizás lo practica, ya se ha apartado tanto de lo normal y que está muy distante, casi inalcanzable.

AS: Y no solemos darnos cuenta de lo que se nos está diciendo. Que es lo que al fin y al cabo se ha dicho por generaciones y generaciones: Vean por sí mismos, piensen por sí mismos, etc. No solemos darnos cuenta de que si se comprende el mensaje ahí mismo está el medio.

CV: Pero para quienes creen que usted no quiere posibilitar que otras personas puedan realizar el trabajo de *EEMM,* eso no les basta, creen que hay algo más y que de alguna manera usted lo guarda para usted solo.

AS: Ellos no se dan cuenta que estoy (con su ayuda y entusiasmo por este trabajo) tratando de hacer todo lo que puedo hacer de acuerdo con el tiempo que tengo.

CV: Pero sus críticos no lo ven así. No es que yo lo piense, pero creo que debo insistir en esto a ver si queda claro para ellos.

AS: Usted sabe mejor que nadie, todo el tiempo que le dedico a este trabajo. Algunas veces aun a expensas de mi salud, exponiéndome a todo tipo de obstáculos, como por ejemplo, esa crítica, desafortunadamente no académica, sino esa crítica de seres anónimos que usan el muro (literalmente), para destruir algunos de los intentos que yo he hecho para que otros lo compartan, etc.

CV: En cierta forma pueden resultarle a usted injustas y desanimadoras esas críticas, pero si despierta esas reacciones en aquellos que no conocen de primera mano el trabajo, sino que lo juzgan por el efecto que tiene sobre otros, debe ser por algo. Además, no se puede uno negar a compartir estas experiencias por lo que ha ocurrido en el pasado, porque sería algo así como dejarse condicionar por éste, casi como que reconociendo el fracaso de estas posibilidades antes de darles la oportunidad de que nos muestren si son más de lo mismo o son algo nuevo.

AS: Esa es la eterna dicotomía en que he vivido, y no sé si sin su impulso me hubiera animado a compartir esto como lo estamos haciendo.

CV: Siempre es bueno poder hacerlo.

AS: Usted sabe cuánto me ha tenido que incitar a que dé a conocer y a que organice los seminarios taller de investigación al respecto, y a que escribamos los libros, etc., aún a sabiendas de lo limitado del tiempo que tengo, y que le he trabajado todo lo posible, pero que en última instancia, sé que lo único que puedo hacer, y así lo digo, es servir como una especie de señal, algo así como las señales de tránsito que indican algunas posibilidades para que quien las ve sea quien decide si las toma en cuenta o no. En otras palabras, como lo decíamos antes, ser algo así como una especie de espejo donde podamos "vernos", como lo deberíamos ser todos para los demás.

CV: Eso no es fácil de comprender.

AS: Ahora, continuando con lo anterior, si uno quisiera ir un poquito más allá, podría decirle a otra persona que a todos nos toca, para poder ver realmente claro, quitarnos las gafas de colores, o las telarañas que obstruyen nuestras miradas; conocer la prisión en que estamos viviendo y cómo ha sido creada; ver cómo nuestras costumbres, creencias, principios, valores, juicios, temores, y búsquedas de placer actúan como una red que sujeta la mente; comprender cuáles son los obstáculos que se oponen a nuestra profunda realización como seres humanos, en fin, volvernos plenamente concientes (con una conciencia actuante) de la Estructura que hemos creado en relación con nosotros mismos y con los demás, y en la cual nos encontramos presos.

CV: Es que si uno no le trabaja a su propia vida ¿Entonces a qué? Si uno no trata de darse cuenta con qué clase de instrumentos está desarrollando su vida, juzgando no solo a los demás sino a sí mismo, si uno no mira si son los apropiados o no, si uno no trata de ver si esos medios con que uno cuenta para decidir y actuar como uno actúa son los adecuados, entonces tendrá uno, y la sociedad, que pagar las consecuencias, así sea que ni uno ni la sociedad se den cuenta de lo que les está pasando y de por qué les pasa.

AS: Obviamente, como ya lo había dicho, *es cada uno el que debe hacerlo*. Ninguna otra persona puede transmitírselo o comunicárselo y menos realizarlo por él, pues al fin y al cabo, es a cada uno a quien le toca despertar su propia inteligencia.

Lo más propio de la persona: asombrarse o maravillarse

CV: Pero uno sí puede narrar esa experiencia como con naturalidad, sin inventar y sin pretender ser proselitista, comunicando que hay una posibilidad ahí de que la persona que escucha también viva esas cosas u otras; eso ya es importante saberlo. En inglés, por ejemplo, la palabra *milagro* es exactamente la misma que la palabra maravilla, *wonder* y entonces, la capacidad de asombrarse o maravillarse se dice *ability to wonder*, lo cual es el signo que pone Aristóteles como más propio de la persona, la cual, al perder la capacidad de sentirse maravillada, de sentir el asombro, *wonderment*, de ver el milagro, pues se vuelve menos humana, pierde la esencia o lo que es más característico de nuestra especie.

AS: Esa me parece una excelente caracterización.

CV: Ahora, si uno va a mirar la trascendencia, aquello que puede caracterizar a lo que yo llamo *fe*, más bien que religión, es precisamente eso: esa sensación de que las cosas van más allá de lo obvio o de lo profundo que a mí se me haya ocurrido, o de lo que haya experimentado o pensado, indicándome que siempre habrá más dimensiones de profundidad o de misterio en la naturaleza, en las demás personas o en la historia del mundo...

AS: ...más allá de las que se puedan captar con nuestros sentidos, con la razón...

CV: La misma relación entre la realidad mía, por más refinada, pensada y científica que sea, y esos procesos de lo real que se escapan a mi dominio, entendimiento, voluntad y demás, pues eso es para mí lo que es característico de lo que tratan de capturar los fundadores de las *religione*s, que después se institucionalizan de manera que se vuelven una estructura mental al estilo tradicional. Por eso me parece que, en ese sentido, la palabra "religión" ya se refiere mucho a una institucionalización de eso...

AS: ...que no creo que sea lo que pretendían los que –muchísimos años después– aparecen como sus fundadores (sin haber querido serlo), pero que es lo que, desafortunadamente, aquellos simpatizantes o seguidores terminan haciendo...

CV: Claro; ahora, lo que es como el liderazgo religioso o una *fe trascendente* –en el sentido de que siempre va más allá–, me parece que es también una característica de la persona que va avanzando hacia esa meta, en el sentido de que ya ni siquiera se tranquiliza por el hecho de haber encontrado a Dios, ni tampoco por el de haber llegado a ser ateo, ya no puede creer que otras personas deban ser religiosos o ateos militantes, porque le parece que vuelven a caer otra vez en el mismo tipo de estructuración negativa, o de creer que porque ya "vio la verdad" de la precariedad de sus estructuras mentales previas, con eso ya tiene todas las verdades a su disposición y puede despreciar y criticar y obligar a otros a salirse de los rieles en que estén y seguir el suyo.

AS: Exactamente: la persona que va avanzando hacia esa meta, ya no cree, como suele ser lo normal, que el problema sea de cambiar de carriles...

CV: Pero sí ve que puede hacer invitaciones, sin caer otra vez en un proselitismo militante de tratar de sacar a la gente de lo que está, simplemente porque "yo ya sé la verdad y usted todavía está en una oscuridad muy precaria".

AS: Esa especie de invitaciones…es lo único que uno siente que puede hacer.

CV: Claro, porque también esto tiene otros riesgos. A uno de estos se le denomina el *mesianismo*, y consiste en que al ver usted precisamente la potencia de esa nueva visión que ha adquirido, lo importante que se cree que es, inmediatamente quiere que otro la comparta; entonces, como no tenemos ningún otro modelo de compartir, fuera del de obligar al otro a estar de acuerdo conmigo, entonces el mesianismo pretende obligar a los demás a estar de acuerdo con la visión mesiánica. Y esa es otra de esas preguntas que hay que mantener en el congelador: ¿hasta qué punto uno, por satisfacción personal y al ver que tiene un efecto tan positivo en los demás que logran iniciar seriamente ese proceso, se vuelve mesiánico? Y, ¿hasta qué punto se entra a despreciar al que no ha iniciado el proceso y a rechazar o a eliminar al que se aferre a su estructura mental, en lugar de pensar en que el del problema soy yo que no he sido capaz de comunicarme con él, de compartir mi visión?

AS Sí; esas preguntas, como usted dice, hay que mantenerlas siempre en el congelador y estarlas retomando una y otra vez; de esos riesgos hay que estarse previniendo continuamente. Ahora veo que las he mantenido con tanto celo que, prácticamente, me permiten confirmar en este momento que esas prevenciones mías pudieron hacerle parecer, no sólo a usted sino a los demás, que yo tenía reservas de que otros conocieran bien el trabajo en las *EEMM*.

CV: Eso ayudó a dar esa impresión. Bueno, ahora sí volvamos al punto de la *fe* que estábamos tratando.

AS: No sé si entiendo mal la *fe*, pero como yo la aprendí fue en el sentido de que generalmente le dicen a la gente que fe es creer en lo que uno no ha visto. De ser así, yo diría que es ahí donde fácilmente las muchas ideologías le pueden colar a uno su *no visto:* sectas, credos, religiones, ideologías, se terminan colando por ahí. Todos los carriles se nos terminan de colar por ahí. Es por ahí por donde se introducen todos esos *no vistos.*

CV: La fe del catecismo: "Fe es creer lo que no vemos porque Dios nos lo ha revelado". Pero esa no es la fe trascendente de la que yo hablo.

El orgullo

AS: Así es; mientras que yo siento que quizá ese sentido de religiosidad puede mirarse desde otro ángulo, y para hacerlo, trataré de ilustrarlo usando como ejemplo el caso del *orgullo*. Pensémoslo con respecto a la posición social, al dinero, a todo tipo de logros que siempre han llenado de orgullo a sus poseedores ¿Puede alguien, si lo piensa con cuidado, envanecerse, sentirse orgulloso de ellos?

CV: La mayoría de la gente se siente orgullosa de algo.

AS: Miremos cualquier caso, por ejemplo, lo que se suele denominar la *inteligencia, la belleza,* ¿Qué hizo aquel que nació así para merecerla?

CV: Pero aquellos que –se hacen a sí mismos– como se suele decir, según ellos, sí hicieron algo para merecer lo que son y creen que esto es suficiente para sentirse orgullosos ya que hay muchos otros que logran lo que ellos...

AS: Ahí, hay atributos psíquicos y físicos en distintas proporciones, y aquellos que se sienten orgullosos no son sino una especie de instrumento, no sé si lo puedo expresar bien, en el sentido en que ¿por qué se pueden sentir orgullosos de eso que se les atribuye? Es decir, si tuviesen alguna especie de atributo, ¿Acaso hicieron algo para tenerlos? ¿Acaso hay algún merecimiento en eso? Ya sea el de tener un cuerpo, o el de tener una historia o un tipo de vida, o si se es muy hábil en cualquier campo, sea en ciencia, en computadores o en cualquier cosa, ¿Se puede sentir orgulloso de eso? ¿Qué merito tiene ser el hijo de algún rey o reina?

CV: Pero el orgullo es más común de lo que uno cree.

AS: Es decir, ninguno hizo nada en particular para haber nacido con los atributos, destrezas o habilidades con que nació.

CV: O con las debilidades con las que nacimos.

AS: Cierto, y no es que crea que eso sea determinante. Pero también, si alguien tuvo la capacidad de pulirse a sí mismo para ser diestro o hábil en algo, ¿Eso se lo debe a sí mismo? Yo me hago todas esas preguntas: ¿De qué se puede alguien sentir orgulloso? ¿De qué nos podemos sentir orgullosos? Nadie hizo nada para tener todo lo que tiene, en el sentido estricto. El hecho de haber nacido en el hogar que nació, o tener la educación que tuvo, o la fortuna, la inteligencia, la gracia, la habilidad ¿qué hizo alguien para merecerse eso? Casi todo lo que tenemos o hacemos es circunstancial, coyuntural. Sin embargo, a algunos les parece que el pensar así es no valorar a los demás, ni valorarse a uno mismo, e incluso, menospreciarse.

CV: La verdad es que si lo que uno tiene o hace es considerado por la sociedad como muy valioso, es fácil que se le pueda subir el ego a la cabeza.

AS: Claro, y eso es lo que contrasta con lo que estoy diciendo: el orgullo es considerado como normal, fundamental en todas las sociedades, y el que sus cualidades se le suban a la cabeza es lo que termina ocurriendo, así se disimule. A propósito, me viene a la memoria lo que dice Fukuyama[4]: "Los sentimientos como la ira, el orgullo y la vergüenza son la base de la mayoría de, las pasiones políticas y el motor de gran parte de lo que sucede en la vida pública".

CV: Esa es precisamente una de las características más importantes de las *IIEEMM.*

AS: En particular, el orgullo es un indicador de que uno se encuentra en *IIEEMM.* Pero si uno se ha dado cuenta de que eso no es más que uno de los tantos condicionamientos, entonces uno ve más claramente, y ya no le interesan los condicionamientos, ni va a cambiar de uno a otro. Con esto se da cuenta de que sólo tiene que descubrir lo que hay detrás de ellos, lo real, la verdad (aunque a algunos no les gusten estos términos). Empieza uno a ver ese sentido de estar unido, ligado a una totalidad, a darse

---

4.   Fukuyama, F. (1985) *Confianza.* Buenos Aires: Editorial Atlántida, p. 386.

cuenta de que uno no es más que parte de un todo. En ese sentido entendí la religión un tiempo después de haberme alejado de ella, y por eso ya no la asumí como practicar unos ritos o decir que pertenecía a una u otra, porque alguna de ellas satisfacía mejor mis condicionamientos.

CV: Ese sentido corresponde bastante bien a la interpretación etimológica de "re-ligare", es decir, como reunir, estar unido a un todo.

AS: Ahora, en cuanto al sentido de la fe, sí continué teniendo reservas sobre la misma. Para mí, no había necesidad de creer, como decíamos antes, en algo extraordinario de lo cual no tenía ninguna evidencia, cuando lo más sorprendente ya lo estaba viviendo: uno lo tenía todo, la vida, el cuerpo, la salud, incluso hasta las condiciones para poder asombrarse y uno no se maravillaba de eso, ni lo veía como trascendente, y por eso necesitaba que le prometieran algo, necesitaba que le dieran algo a cambio de lo que uno iba a hacer, necesitaba de un intercambio; era una especie de negocio, cosa que me chocaba un poco en la religión que aprendí y vi practicar.

CV: Que si me porto bien todos los días, entonces me dan un premio al final del camino, y por lo tanto me voy para el cielo.

AS: Es la misma mentalización de ese condicionamiento que tenemos de manipular a los otros a través del premio y el castigo, que es la misma que está impresa en la educación y a mí me sublevaba un poco el hecho de hacer un negocio con algo tan profundo, e incluso en muchas personas común y corrientes me parece terrible como lo manejan: van a misa por alguna cosa, por ejemplo porque tienen alguna necesidad y si no la tienen, eso pasa a segundo o tercer plano; entonces, ese sentido de religiosidad me produce como urticaria.

CV: Cuando uno trabaja por lo menos la teología que tuve el gusto y la satisfacción de tener que trabajar, precisamente se trata de pasar de la fe del catecismo, de creer en cosas que uno no ha visto, a la fe en el sentido de una experiencia de lo que ha visto, o sea, es como confiar en que esas maravillas en que uno ha caído en la cuenta por cualquier motivo que no depende de uno, se consideran como un don, una gracia, una cosa recibida de alguien. Y es que de pronto uno vio esa dimensión de profundidad, vio esa posibilidad de *libertad*, vio esa *maravilla*, ese *milagro permanente* y entonces ya es *una actitud global que no cree cosas, que no tiene como objeto llenarse de contenido*s.

AS: Porque el contenido es parte del condicionamiento y suprime el asombro, el milagro permanente...

CV: Decía que *la fe, como actitud ante ese milagro permanente, no tenía como objeto llenarse de contenidos* como creer en el purgatorio, o el infierno, o el cielo, o que Dios es tres personas o cuatro, o que es bondadoso, o vengativo, o que me agarro a pelear porque la Virgen fue o no virgen, entonces, ya uno ve que esas cosas tienen sentido en la medida en que las personas vivieron esa fe en el sentido más amplio.

AS: Les pareció que en ese momento eso expresaba lo que ellos querían decir.

CV: Ahí tiene sentido todo lo que se trata precisamente en la historia, en la teología, que es el de ver cuál es el sentido de fe que tenía una creencia de esas particulares.

AS: Pero eso ya es académico.

CV: Digamos que X Papa diga: "Yo creo que la Virgen subió al cielo en cuerpo y alma"; entonces, pelean ahí los Jesuitas con los Dominicos, y el Papa proclama el dogma de la asunción de la

Virgen. ¿Qué sentido tiene eso como expresión cultural, históricamente situada, de cuál fe es más profunda?

AS: Es un ir más allá del simple creer.

CV: Sí, no es creer en que la Virgen salió como un platillo volador en cuerpo y alma hacia el cielo.

AS: Entonces de qué se trata.

CV: Se trata de hacer esas traducciones, esa hermenéutica de ver cuál es el sentido profundo de fe en el sentido que estoy tratando de comunicar, en lo que era el "dogma de fe".

AS: ¿Y lo del padre Astete?

CV: Lo del padre Astete[5], en una cosa que había que creer, así no pudiera ser.

AS: Pero, eso es lo que nos llega a todos.

CV: Yo creo que por eso la palabra *fe,* si se entiende en el sentido de creer cosas, o la palabra *religión,* si se entiende en ese sentido de estar amarrado a alguien con el cual yo hago un trato de no agresión o de ser bueno y dar limosnas o hacer sacrificios para obtener un premio más tarde, se desacreditaron tanto...

AS: Que nos da una idea errónea no solo de la religión católica sino de todas las religiones.

CV: *Toda palabra se interpreta de acuerdo con una estructura mental que uno tiene o tuvo* y ahí viene el problema: ¿utilizo la

---

5.   Catecismo de la Religión católica que se debía memorizar para el aprendizaje de la Religión.

misma palabra con algún calificativo que la matice, o invento otra palabra –que tal vez también va a ser mal entendida– para tratar de expresar un concepto relativamente nuevo o distinto del normal?

AS: Ese es uno de los principales problemas, en general, de la comunicación, y uno de los grandes obstáculos para comunicar especialmente aquello que se sale de lo normal. Es uno de los principales problemas que hemos tenido para comunicar el fruto de nuestro trabajo.

CV: Exacto; y además, es una discusión que hemos tenido con el profesor Carlo Federicci (Q.E.P.D.)[6]. Él dice que *cuando se llega a un concepto nuevo, se debe buscar una palabra nueva* y si esa palabra tiene el peligro de que la gente la interprete en el sentido vulgar de la palabra, lo mejor es abreviarla con tres consonantes, por ejemplo en vez de decir la palabra "número", decir "NMR" para que la gente no la malinterprete. (A propósito, al profesor Federicci lo llaman en Medellín "FDR").

AS: ¡Je, je, je! Ahí están pintados los estudiantes...

CV: Es para obligarle a uno a sacudirse y decir: no me dejo llevar por la connotación usual de la palabra "fe" o la palabra "religión", sino que trato de usar el nuevo sentido al cual he tratado de acceder a través de esta reflexión, de este seguimiento de la historia, de esta experiencia vital de fe en ese sentido profundo.

AS: Tratar de aminorar el efecto de las IIEEMM

---

6. Matemático. Profesor emérito de la Universidad Nacional de Colombia. Bogotá.

CV: Por eso, una persona que no le dé lugar a esas experiencias, que no pueda decir que fe es simplemente eso que he vivido y vivo y me siento realizado y me siento que estoy en una dimensión de profundidad al vivirlo, pues está simplemente tratando de hacer adeptos o de convertir gente a otra estructura mental, más o menos discutible, como tantas que ha habido como ofertas en la historia. Por eso es tan delicado hablar de estas cosas, porque entonces las personas suelen creer que todo es cuestionable, menos su propia fe profunda…

AS: La típica tautología…

CV: …y están seguras de que esa fe –en el sentido de creer en lo que no ven– es lo que las va a salvar cuando se mueran y entonces, llegan a los extremos que hemos visto, como la inquisición o las guerras religiosas.

AS: O al exterminio del infiel.

CV: Porque en cierto sentido es más peligroso para la niñez y la juventud que alguien los aparte de esa estructura religiosa que cualquier otro tipo de enemigo que los golpee o los viole o los mate o les enseñe el mal. Llega el momento en que se puede decir "con buena conciencia" que por el bien de la juventud está usted quemando un hereje. Y como ya lo sabemos, eso se ha dado en personas de muy buena voluntad y de una vida muy ascética…

AS: Si, son esas especies de guardianes de la moral de cada época…

CV: Por lo tanto, la experiencia de fe siempre se vive como un regalo, un don, una gracia, –lo cual es equivalente– y no como algo que uno haya merecido o haya hecho algo para lograrlo. Y antes uno se extraña de por qué uno sí tuvo esa serie de experiencias y otras personas que están al lado de uno, de la misma familia o del mismo colegio no las han tenido; más aún, como que hacen todo lo posible por no tenerlas, por no dejarse tocar y, por el contrario, se ponen tan defensivos ante insinuaciones o invitaciones, que es lo único que uno les puede hacer.

AS: Ahí vuelvo al punto clave, en el sentido de que "eso", o esa *Iestructura mental,* es la que no nos deja ver, esa es la que niega todo eso y mientras que uno vea a través del tamiz que le imponen, no hay una visión real, o sea, uno no puede vivenciar o experimentar esas maravillas.

CV: En "Iestructura mental" uno no puede vivir en un estado de asombro permanente, le es invisible a uno lo más profundo…

AS: En cuanto a la alusión que hace usted al NMR de Federicci, pues es clarísima: como la gran mayoría de seres humanos se encuentran en algún tipo de Iestructura mental, una forma de hacer que la gente no vea a través de sus prejuicios, o por lo menos de intentar que la gente no vea a través de sus preconceptos, es generándoles algo nuevo para que la gente tenga que decir al respecto: bueno yo no sé nada acerca de eso, no he oído nunca nada sobre esto, no tengo nada con qué asociarlo, lo cual permite alejarlo un poco, descentrarlo y acercarlo más al verdadero mensaje del que dijo, por ejemplo, NMR.

CV: Pero de todas formas, mientras esté en *IEM,* esta persona lo va a interpretar siempre desde su preconcepción, como hacemos con cualquier autor, o con todos los autores que aparentemente nos gustan.

AS: Una cosa es lo que están diciendo y otra lo que leemos, interpretamos y decimos acerca de ellos; además, eso terminamos haciéndolo con todo, sea experiencia, cosa, animal o persona. Parece que siempre terminamos reduciendo lo nuevo a lo viejo.

CV: Pero ahí ya hay una pequeña clave, un pasito...

AS: ¡Sí! En relación con eso, yo veía lo siguiente: en una primera fase habría que generar un tipo de mutaciones de estructura mental, unos pequeños cambios para los cuales ya dimos el primer paso a través de las experiencias que hemos tenido con los seminarios-taller sobre *EEMM*, que se ve que golpean, que conmueven; y como meta a largo plazo, pues tenemos que tratar de *generar ambientes en los que ellos mismos puedan darse cuenta por sí mismos, porque ese trabajo no lo pueden hacer sino ellos mismos...*

CV: ¿Se refiere al trabajo con grupos más grandes, como Bogotá?

AS: Sí, en esos en los que ya hemos pensado y que están hace bastante tiempo en nuestro plan de trabajo. Obviamente, esperamos poder prevenirlos de ciertas cosas: esa es la educación.

CV: En cierta forma, ese es nuestro papel como educadores: *posibilitar que los educandos se vayan dando cuenta de lo deleznables que son todas estas estructuras mentales, así sean las que estructuran el mundo.* Puede que una sea mejor que otra, pero en el fondo no tenemos que llevarlos a otras estructuras cada vez más elaboradas, tanto que lleguen a ser totalmente impermeables, totalmente resistentes a cualquier cambio, que no sea en ese sentido (que es lo que vivimos haciendo).

AS: Más bien, que lleguen a un nivel en que empiecen a darse cuenta de que estos perfeccionamientos puede que sean interesantes, pero les están negando la mayoría de las posibilidades de experimentar, de ver, de comprender, de poder ser autónomos, de poder ser "libres". En cierta forma, posibilitarles el darse cuenta de que, mientras tengan cualquiera de los condicionamientos, no son libres, porque son simplemente objetos de dominio de su estructura mental.

CV: Y que si se dan cuenta de eso, ya no están indefensos ante las aparentes alternativas que les ponen; ya no se van a entusiasmar por otras estructuras igualmente opresivas, por atractivas que parezcan.

AS: Ya no miran desde sus *IIEEMM*, ni su mirada es de superioridad, sino más bien de fragilidad, de ser y sentirse uno vulnerable, de tal forma que, entonces, *uno siempre está aprendiendo;* no aprendió en pasado, en el sentido de que acumuló, sino que está en presente, aprendiendo.

CV: No está viendo la vida desde esos conocimientos pasados, sino está viendo la vida como ese NMR.

AS: Sí, no lo veo a usted (perdóneme, Carlos Eduardo, si lo tomo como ejemplo) con los preconceptos de la gran persona que es, de que estuvo en la comisión de los sabios, de todas las distinciones que usted tiene, sino que lo veo aquí y siempre me lo encuentro como algo nuevo, sin prejuicios, y así a cada cosa que usted dice, yo no estoy pensando: es que como fue de la comisión de los sabios, o como es una persona muy importante, lo único que tengo que hacer es aceptar lo que usted dice, sino que estoy atento realmente a ver lo importante de lo que dice, por el valor real de lo que dice y no por la aureola que lo rodea.

CV: Y si estamos actuando así en todos los casos, estamos viendo el mundo y a la otra persona como el "NMR", sin ningún prejuicio, como algo nuevo.

AS: Se resolvió el problema, salimos de las IIEEMM, de sus dobles juegos y de sus tautologías y se resolvió el círculo vicioso.

——o——

Si estamos viendo el mundo sin ningún prejuicio, como algo nuevo, se resolvió el problema, salimos de las IIEEMM, de sus dobles juegos y de sus tautologías y se resolvió el círculo vicioso.

——o——

De la teoría a la práctica: búsqueda común

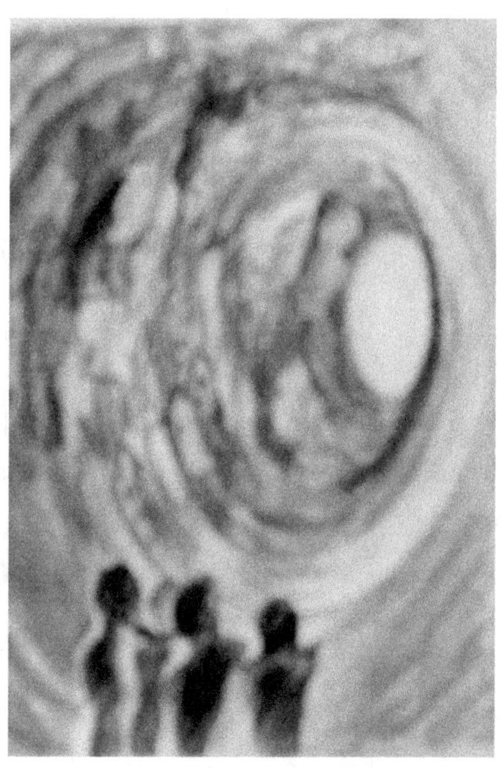

CV: La misma experiencia de un diálogo como este pone en evidencia un espacio en el cual, a través de lo que cada uno dice, estamos tratando de ver si el asunto se aclara un poquito más para tratar de reformularlo y ver en qué se queda corto. Esa es una experiencia muy positiva y muy rara. No es fácil encontrar la posibilidad de que haya *una búsqueda común*, en donde uno no está tratando de ver si el otro ya sabe y le dice a usted, o si le pregunto para ver si el otro sí sabe; sino que está tratando de ver si lo que yo logre formular, pone –digamos– unas piedritas para avanzar en el pantano, y el otro llega y pone el pie ahí y pone otra piedrita. Esa experiencia de búsqueda es bien interesante, como una realización misma de lo que quieren ser esas experiencias de "formación", que desafortunadamente son difíciles de lograr.

AS: Y ahí ya estamos respondiendo a la pregunta: *¿Cómo hacer para que otros puedan acceder a esto?* Esa es la forma, un tipo de diálogo como este, no la tradicional en la que alguien dice y el otro le acepta lo que dice y lo sigue; no la de que uno es el que sabe y el otro el que no sabe; en fin…

CV: La estrategia de siempre del maestro y el discípulo.

AS: En este trabajo, dado que de lo que se está tratando es nada más ni nada menos de la vida de cada quien, *uno tiene que ser su propio Chaman, su propio maestro y su propio discípulo,* cuestionando todo cuanto se ha aceptado como valioso y necesario, dándose cuenta de que, para comprender cualquier cosa, uno debe observarla, conocer todo su contenido, naturaleza, estructura y movimiento; es decir, vivirla concientemente, lo cual implica ser conciente no sólo de lo externo sino de lo interno, de su propia mente, corazón y todo su ser.

La homeostasis de las IIEEM

CV: Pero, desafortunadamente, esa es la parte que no se entiende, precisamente porque nos han condicionado en el sentido contrario, y por nuestras tautologías creemos que eso es lo correcto y rechazamos esta posibilidad. Ahí es donde está el quid de la cuestión. Donde tenemos que trabajar más para comprender esos *mecanismos de defensa* de las IIEEMM con los cuales quieren evitar su desestructuración o, si son afectadas, reacomodarse.

Inventarios de los mecanismos de defensa que se suelen asumir ante las EEMM

AS: Sí; voy a ilustrar algunas formas en las que se dan esos obstáculos con algunos casos cercanos: por ejemplo, en el caso concreto de Juan[7], que ha asistido a los seminarios taller sobre las estructuras mentales y, en unas ocasiones, se dedicaba a corregir exámenes; es decir, cambiaba de actividad, buscaba un "distractor", o en otras, cuando se notaba más afectado, se retiraba del aula con cualquier excusa.

CV: Sabiendo que por las circunstancias no se le podía preguntar directamente al respecto, ¿Qué hizo? ¿Cuál era su hipótesis?

AS: Dado que mi hipótesis era que sí estaba sintiéndose afectado en lo más profundo de sus convicciones, opté por averiguar acerca de "qué era eso que, al parecer, trataba de desestabilizar sus convicciones y por qué éstas se sienten en peligro ante estos retos o embates a las mismas".

---

7.   Juan, es un nombre cambiado.

CV: ¿Qué hizo?

AS: Prestarle mucha atención y hablar con él, teniendo cuidado de no irrespetarlo. Y él me lo ilustró en algún momento de una forma muy diciente. Me dijo que, según sus convicciones, era muy difícil en un mundo como el que estábamos viviendo, ya que había muchas agresiones a las mismas, que hasta cuando se viajaba en un bus urbano, no más con la música, con las canciones que colocaban los conductores, le tocaba defenderse de sus contenidos que no iban de acuerdo con su espiritualidad y entonces se ponía a repetir alguna oración en voz baja, para prevenirse contra ellos, para no contaminarse con sus contenidos que eran prácticamente satánicos.

CV: Me imagino que no fue fácil que llegara a sincerarse de esa manera. Es una buena forma de corroborar su hipótesis, respetando a la otra persona y dejándola que sea ella la que decida ir hasta donde ella desea.

AS: En este trabajo lo más importante es ese respeto por el ser humano en general. Sin embargo, con esa evidencia, yo sentía como que Juan, a veces, se dejaba medio tocar, pero cuando avizoraba las implicaciones que podría tener para su vida, como que se ponía una especie de coraza o se escapaba.

CV: ¿Exploró otros casos?

AS: Sí; otro caso cercano, que nos sirve para ilustrar algunas formas en las que se dan esos obstáculos, es el de Leticia, quien lo podría tomar desde dos ángulos: uno, *el más favorable, el de aceptación*, donde lo agarra y lo echa a andar intelectualmente (no llevándolo a la práctica), sin cuestionarlo o ponerlo en duda, para ver por ella misma si es correcto o no, y ahí sí, después de esto, utilizarlo como una especie de escalón para subirse en él, para crecer, para potenciarse.

CV: El típico caso de la heteronomía.

AS: El otro ángulo es *la posición puramente reactiva* y la más fácil que puede tomar, que es la de rechazo, en el sentido en que dice: "Alfonso nos quiere imponer su dogma y quiere que hagamos aquel trabajo de la Universidad Distrital o…"

CV: *O tomarlo en burla*, por ejemplo diciendo: "¡Ah! Yo leí eso en Rabindranath Tagore", etc. Es muy interesante también, para el desarrollo de nuestros escritos sobre las EEMM, hacer inventarios de los mecanismos de defensa que se suelen asumir ante la misma, para no asustarse uno cuando ocurren, sino saber que lo esperado es eso. Es bien curioso ese mecanismo de defensa: ordinariamente uno cita a un autor famoso para darle más fuerza a lo que afirma, como si dijera que ese autor dice lo mismo que uno, pero mucho mejor dicho, y que es tan cierto lo que uno cree, que hasta ese autor tan famoso está de acuerdo.

AS: En cambio, cuando uno siente amenazada su estructura mental…

CV: Por ejemplo, por una frase que le cala a fondo, cita al autor famoso que dijo algo parecido, pero para quitarle fuerza a la frase que lo tocó, como si dijera que eso no vale la pena porque ya lo había dicho hace tiempos, y mucho mejor dicho, el autor famoso… y no ha pasado nada. Si no le hemos hecho caso a Jesucristo o a Buda, ¿por qué le vamos a hacer caso a una frase suya?

AS: Clarísimo.

CV: Así se defiende uno muy exitosamente de tener que iniciar una reflexión personal que lo puede llevar a cuestionarse lo que hasta ahora lo ha hecho obrar a uno como lo hace.

AS: Es que, lo raro sería que la estructura no se defendiera de su posible desestructuración.

CV: Por eso es clave detectar dos, tres o cuatro mecanismos de defensa, la manera como surgen y buscar también la manera de neutralizarlos para que no sean definitivos, para que no se convierta en una exclusión a priori de cualquier resquicio que los haga entrar en vibración. En ese sentido los alumnos se entregan más; entre colegas somos más reservados y ese mecanismo de cerebralizar la cosa a través de la epistemología, la psicología, la historia o cualquier tipo de racionalización o formalización, es un mecanismo muy propio de los académicos así como el de tratar de verlo bajo la perspectiva de algún texto o autor…

AS: …Volviendo totalmente intrascendente no sólo lo que están tratando de ver, sino al texto o autor que usan como filtro. Porque puede que sea muy interesante lo que diga dicho texto o autor; pero no deja de ser un obstáculo que impide la visión directa, la percepción directa; no deja de ser una *figura de autoridad* que ellos ponen ahí para eludir la responsabilidad de determinar por sí mismos la verdad o la validez de lo que deberían estar observando, pero que por esos intrincados mecanismos no lo hacen. En última instancia, lo que ven como verdadero o válido, *es válido, no porque yo lo veo, sino porque alguien con autoridad lo dice.*

CV: Lo cual no quiere decir que no se puedan encontrar resonancias con otras personas, con libros, con autores –como Anthony de Mello– que también trabajan esa línea de desestructurar, por ejemplo, a la religión católica y mostrar que ahí hay una cosa mucho más profunda que une la tradición mística cristiana con las tradiciones más destacadas de la India, como el budismo, pues eso en cierto sentido le corrobora a uno que como que no está tan solo…

AS: Libros como "Cuerpo y alma en oración"[8] es muy bueno en ese sentido, pero si no se lee con un sentido crítico, sino que se lee y se usa como un conocimiento más, como algo ya viejo, que lo creo porque lo dice la autoridad, pero no lo veo, no lo siento y no lo experimento por mí mismo, de nada sirve; es más, daña, afecta negativamente.

CV: La eterna heteronomía.

AS: Y es esa la preocupación que tengo: incluso dentro de la especialización, algunos terminan criticándome y poniendo en mi boca palabras que nunca he dicho, como por ejemplo, que les digo a los estudiantes que no lean; cuando lo que digo es que lean, pero críticamente; que los libros deben servir para pararse en ellos…

CV: Para que le ayuden a uno a mirar más lejos…

AS: Y no como una carga que les doble la cerviz, como ya lo he descrito. Y de ahí surgen muchísimos más malentendidos, que nos llevan a parecer casi una torre de babel en relación con lo que estamos haciendo en la misma especialización, donde unos asumen que lo que estamos haciendo es epistemología, otros que pedagogía y didáctica, y los menos, que lo que hacemos es tratar de posibilitar caminos para lograr la formación integral.

8.	De Mello, A. (1996) *Cuerpo y alma en oración.* Bogotá: Ediciones Paulinas.

¿Es la educación algo más que lo que estamos haciendo?

CV: Sí; es que, aún hoy, hay una especie de temor a decir que la educación es algo más que lo que estamos haciendo; que en la práctica no es más que dar información, tratar de preparar a los estudiantes para el trabajo, para la dura competencia a la que se tendrán que enfrentar. Y uno lo ve también desde el punto de vista de la Universidad, de los Directivos o Decanos, quienes aunque sientan que deben hacer otra cosa, se sienten casi como exigidos por las IIEEMMCC a hacer lo que hacen. No falta quien se extrañe porque nosotros trabajamos la ética, y quizás piensan en que nos estamos metiendo en cosas que no son académicas, que no son las propias de una especialización…

AS: Por eso ha sido tan arduo el camino que hemos tenido que recorrer…

CV: Claro, y ese temor puede ocurrir también por toda la tradición que hay. Desafortunadamente, como hablábamos de la Facultad de Minas de Medellín, las Universidades a partir de la "departamentalización" y la creación de carreras, institutos y demás, se centraron tanto en el conocimiento, que perdieron su carácter de instituciones formadoras de la juventud; y el profesor ya no se consideraba como formador de discípulos, sino como un instructor. Pero antes, los mismos estudiantes, a la larga, después de muchos años, empezaban a reconocerlo a uno diciéndole otra vez "maestro", porque veían que uno tenía un interés mayor al de la pura disciplina formal que cultivaba.

AS: Por eso parecemos raros, al punto que los colegas nos dicen en broma, los "despistemólogos"…

CV: Eso no fue siempre así, porque antes, la charla en la cafetería, el paseo por los prados de la Universidad o la reunión informal, eran elementos de *la formación integral del universitario*. Hoy, simplemente desaparecieron, con las consecuencias que vemos. Por eso es explicable que, ante esa posibilidad, haya un poco de temor a dejarse entrar por ese camino...

AS: Lo raro sería lo contrario.

CV: Eso hace que uno busque la manera de volverlo cerebral, racional, académico o de volverlo chiste y hace que uno busque la manera de, simplemente, clasificarlo como el mismo cuento, el sonsonete, el estribillo de cada uno; pero hay que tener en cuenta que eso es lo que la teoría de probabilidades daría como lo más probable y que hay que buscar la manera de no irritarse por eso, sino de saber cómo aprovechar ese mismo rechazo o maniobra para buscarle el resquicio por el cual permita entrar en una resonancia y empezar a abrir un camino.

AS: Es parte de nuestro trabajo.

CV: Y por eso, incluso para nosotros mismos, es importante que en ambientes distintos a los de la universidad retomemos estos temas, porque en ellos se hacen menos evidentes los *mecanismos de defensa*.

¿El problema, por lo menos a nivel teórico, está resuelto? ¿Cómo llevarlo a la práctica?

AS: Otra vez voy a reiterar algo que la vez pasada le causó risa. Yo le decía que el problema, por lo menos a nivel teórico, estaba resuelto e incluso estuvimos discurriendo sobre el nivel práctico en cabeza de un ejemplo tomado de nuestro amigo Juan. Sin embargo, lo retomo para que tratemos de aclararlo aún más, para que tratemos de ver qué faltas le podemos encontrar todavía, y que seguramente habrá; para ver las partes en las que todavía falta bastante o si yo estoy en lo cierto en la medida en que digo que el problema teórico está resuelto, cuando digo que, al menos a nivel teórico, lo puedo esquematizar demasiado, al punto que lo puedo concretar o sintetizar en muy pocas hojas…

CV: Como ya lo habíamos dicho, por bueno que consideremos el trabajo sobre EEMM, precisamente por eso, porque consideramos que es un trabajo serio, que vale la pena, debemos estar tratando de ver dónde falla, buscarle permanentemente qué inconsistencias, qué vacíos tiene, para irlos corrigiendo, como se hace en todo trabajo investigativo.

AS: Eso es muy importante.

CV: Como lo decimos en lenguaje coloquial, tendremos que mantenerlo permanentemente en el congelador, listo para descongelarlo y preparárselo de nuevo a las visitas. Eso es lo que estamos haciendo al poner nuestros avances en forma de estrategias comunicativas, para que todo el que quiera pueda poner en cuestión este trabajo; para que todo el que quiera pueda contribuir en esta investigación. Por eso hemos hechos tanto trabajo para encontrar cómo operar con lo que hemos hallado sobre las EEMM.

AS: Sí; eso es lo importante, e incluso en el mismo ejemplo de Juan, sobre el cual ya adelantamos bastante, nos enfrentábamos con el hecho, a la vez halagüeño y preocupante, de saber que teníamos algo poderoso con lo que se podían pegar empujones muy fuertes, como ya lo corroboramos en casos de personas como él, con estructuras mentales muy consistentes, muy bien consolidadas, muy fuertes, como lo son las de una persona de este nivel intelectual y moral, y precisamente por tener algo tan poderoso, dado que podía afectar a una persona con estructura mental muy sólida, nos quedaban dudas de cuán fuerte debería ser el empujón, de qué tanto deberíamos desestabilizarlo o desestructurarlo...

CV: Y de si era necesario mantener o no la desestabilización y hasta qué punto...

AS: También, no sé si se aclaró a través del ejemplo de los chamanes, que ese proceso es necesario; es decir, que aunque uno pueda ver lo profundos y duros que pueden ser los efectos del proceso de desequilibración sobre los sujetos, uno no puede asustarse por esto; uno tiene que apoyarlos en esos procesos tanto como sea posible, ayudarles a entrar en esos procesos, incluso aunque uno no tenga la certeza de hasta dónde podrán llegar, ya que eso depende solamente de ellos. Exactamente como en el caso de los jóvenes payés.

CV: Sí, especialmente cuando la sociedad vive generando tantos procesos que profundizan la inconciencia de las *estructuras mentales* y de sus efectos, sin importarle las posibilidades de desarrollo que tengan para los seres humanos, ni para las sociedades, e incluso a sabiendas de que dichos procesos pueden hacer daño tanto a los individuos como a las colectividades, justificándolos con falacias economicistas, como todo lo que ocurre alrededor de los vicios socialmente aceptados.

AS: Típico de las *IIEEMMCC*.

CV: Claro que está muy bien que, aún viendo las enormes posibilidades de este trabajo, seamos tan cautelosos en su implementación práctica, ya que se trata de seres humanos, pero ni tanto que queme el santo, ni tan poco que no lo alumbre. Acuérdese que en esas dudas usted se debatió solo, por mucho tiempo y afortunadamente las hemos superado en parte. Naturalmente, con la cautela de quien se da cuenta de que el camino está lleno de trampas, de peligros a los que nos enfrentamos todo el tiempo, y donde no hay certidumbre y menos seguridad y, por tanto, tenemos que estar completamente alertas todo el tiempo; es decir, estar preparados para movernos en la incertidumbre.

AS: Cierto; pero fue necesario su empujón para superar estas dudas que se han ido superando sobre la marcha y que, gracias a esa superación, han posibilitado que vaya saliendo a la luz el trabajo de las EEMM, habiéndose podido probar en la práctica que muchas de las dudas y la gran mayoría de los temores eran infundados y que los efectos negativos no eran tales, a pesar de la intensidad de los efectos de los procesos involucrados.

CV: Lo cual nos lleva a la necesidad de un *acompañamiento*…

AS: Claro, aunque no en el sentido tradicional, sino en el sentido de la metáfora de las piedritas que usted usaba antes, en la que *todos vamos poniendo las piedritas que vamos encontrando, para que unos y otros podamos atravesar los pasos más difíciles*. Piedritas que quien las va necesitando las usa bajo su responsabilidad, examinando cuidadosamente por sí mismo qué tan firmes son y asumiendo la responsabilidad de lo que le pase a otros, cuando decida apoyarse en ellas.

La relación, una puerta a la comprensión

CV: Claro; ya decíamos antes que siempre se necesita quién ponga el espejo, quién señale dónde hay fallas, quién le haga a uno caer en cuenta de que hay aspectos que uno no está viendo. Pero además, dado que las *IIEEMMII* están inmersas en las *IIEEMMCC*, fuertemente condicionadas por ellas y permanentemente retroalimentadas unas por otras e, incluso, amenazadas unas por otras, si queremos que ocurra algo, que ese ser humano supere las duras pruebas a las que será sometido, no se puede simplemente meterlo en algo así como el camino del joven payés, en ese camino lleno de peligros, y dejarlo totalmente solo, luchando no sólo contra sí mismo sino contra la sociedad, prácticamente con todos los factores en contra.

AS: Eso se hace en todas las tradiciones.

CV: Pero, es que sabemos que para superar las más duras pruebas, el ser humano necesita una especie de polo a tierra, como en el caso de los aspirantes a chamanes que saben que todos sus sacrificios tienen un sentido superior, porque de tener ellos éxito, serán muy valiosos para la comunidad. En el caso de nuestra cultura occidental, eso hace falta, eso no se da y, por el contrario, el sentido que se ofrece a los jóvenes es el del egocentrismo y el hedonismo a ultranza, que no hace sino reforzar las *IIEEMM*.

AS: Desafortunadamente es lo que está ocurriendo.

CV: Por eso se necesita posibilitar que más seres humanos puedan seguir este proceso para que sirvan de multiplicadores del mismo, y por eso, a veces, le he preguntado si tiene reservas de que otros realicen los procesos que usted hace en la Especialización en Docencia de las Ciencias Naturales y las Matemáticas[9] (E.D.), la cual ya es un paso en el sentido de no dejar sola a la persona que se desestructura.

AS: Permítame hacer un paréntesis en relación con mis reservas: es posible que yo tenga mis discreciones sobre lo que hago, pero creo que si hubiese algunas, serían en relación con que se use mal, es decir con que se haga de este programa un discurso y una epistémica. Porque lo normal, como usted lo decía, es que prime la tendencia ególatra según la cual lo que preferimos sin mayores

---

9.   Programa de posgrado de la Facultad de Ciencias de la Universidad Javeriana denominado: *Especialización en Docencia de las Ciencias Naturales y las Matemáticas desde la perspectiva de la construcción del conocimiento.*

miramientos es que lo de uno se haga muy popular, y así, ya sea por egoísmo o egolatría, lo que uno querría es que todo el mundo compartiera lo que uno piensa.

CV: Bueno, pero ya reconocidos esos obstáculos y sabiendo que debemos ser muy cautelosos puesto que hay muchos peligros, ¿Cómo hacemos para que muchas más personas tengan la oportunidad de acceder a este trabajo para ver si a ellas también les produce los efectos tan positivos que creemos que tiene?

AS: Aunque, como usted dice, estamos todavía en un nivel artesanal, incrementando ese nivel de beneficiarios de este trabajo, en la medida en que nosotros vayamos conformando un grupo cada vez más grande, ahí estarán esos puntos de apoyo que la nueva persona que se inicia debe tener.

CV: Sin querer decir que estemos formando una secta o algo parecido…

AS: Sino que, simplemente, somos gente con interés en abordar los problemas medulares del ser humano, que tiene alguna autonomía, la cual se espera que vaya creciendo cada día a través de esa desequilibración, y que cuanto más gente esté investigando el verdadero sentido de las acciones nuestras de la vida, de la educación, del quehacer de la sociedad, más posibilidades habrá de que podamos comprender las múltiples facetas del *vivir* para ir más allá del simple *sobrevivir* en que solemos hallarnos inmersos.

CV: Claro; como ocurre con cualquier actividad que sea importante para la humanidad, ya sea la ciencia, el arte, etc., obviamente es de esperar que todo lo concerniente a la comprensión de las complejidades de la vida humana, de todo lo que implica el vivir, sea del interés de todos.

AS: Al fin y al cabo, todos tenemos que vivir con comprensión de lo que nos ocurre, o sin ella.

CV: Por eso tenemos que seguir profundizando sobre el *inventario de los mecanismos de defensa que se suelen asumir ante las EEMM*, porque tenemos que comprender por qué entre nosotros mismos, los que hemos venido desarrollando el programa de la Especialización en docencia de las ciencias naturales y las matemáticas (*E.D.*), como en todos los grupos que a través de la historia han iniciado algo prometedor que los une, siempre se da esa especie de cisma que a su vez los separa, o que puede terminar por hacerlo.

¿Formación disciplinar o formación integral? Estudio de caso

AS: En esa medida siempre me ha preocupado su pregunta de cómo expandir el trabajo de las EEMM, no sólo con los demás, con todos los que así lo deseen, sino, especialmente, al interior de nuestro grupo de Epistemología de las Ciencias[2] –*GEC*–, porque, como usted lo señala, al interior de este grupo estuvimos trabajando mucho tiempo por la parte complementaria y no por la parte nuclear.

CV: Y eso ha tenido sus consecuencias.

AS: Hemos echado a andar a un buen número de docentes, casi ciento sesenta en este momento, quizás desestabilizándolo, y entre nosotros mismos hasta ahora estamos teniendo claridad sobre el perfil central de lo que queremos y mucho menos la hay para iniciar una maestría, que es el paso siguiente que hemos querido dar y que consideramos necesario. Y quizás, ese sea uno de los motivos importantes por el que no la hemos podido concretar, a pesar de que se han hecho tantos esfuerzos para lograrla.

---

10.   Grupo de investigación de la Facultad de Ciencias de la Universidad Javeriana, clasificado en Colciencias en categoría B.

CV: Me da la impresión de que las mismas dificultades que tenemos en el *GEC* en donde llevamos tantos años hablando y diciendo que tenemos muchas cosas en común, muestran, por un lado, que esos disgustos y tensiones que puede haber son parte de la conformación de un grupo de amigos, de la intensidad con que asumimos estos problemas, etc.

AS: Parte del proceso.

CV: Pero, por el otro lado, eso implica que no hay conciencia clara –yo diría que en buena parte de nuestros colegas– de para dónde va la cosa, y qué es lo nuclear del asunto. Más aún, cuando uno empieza a medio tratar el tema, uno nota una susceptibilidad y un susto que procura negar cualquier cosa e intelectualizarla, yéndose hacia la epistemología o hacia el marco teórico, o trivializarla en el sentido de que eso es un hobby que tiene Alfonso, que le gusta hacer eso y está dispuesto a trabajar más horas de las que le toca, a quedarse con los alumnos más tiempo y a leerles más documentos con tal de alimentar su *hobby*, lo que le gusta. Es como si alguien me dice a mí: "véngase a trabajar en Matemáticas", pues me voy a trabajar en Matemáticas porque me gusta.

AS: Exactamente.

CV: Entonces, la misma situación de las dificultades que tenemos en la práctica en el proceso de trabajar con el equipo nuestro, que en tantos años no hemos podido superar satisfactoriamente para todos; las mismas dificultades que tenemos para ver si se puede mantener e impulsar un proceso sin intentar dirigirlo paternalísticamente; el no saber muy bien cómo "evaluar", por decirlo de alguna manera, qué hacer con la persona que se va adentrando hacia esas metas (sea que las formulemos como una conciencia de la estructura mental interna o como una desestructuración mental) pues muestra que es el modelo el que todavía está apenas como caracterizado con unas pinceladas que son suficientes como para darle a uno claridad, pero que no muestra la suficiente finura como modelo para permitir tomar decisiones sobre casos difíciles.

AS: Es que, en primer lugar, el equipo ha estado conformado por personas que no han querido adentrarse en el trabajo de EEMM, y la premisa más obvia en un trabajo como este, es que *sólo se puede hacer algo con quien quiera voluntariamente adentrarse en dicho trabajo*. En el caso de nuestro grupo, a algunos colegas, no los pudo persuadir ni siquiera el que usted tomara la iniciativa y los invitara abiertamente a trabajar en EEMM.

CV: El modelo nos da la suficiente tranquilidad para decir, por lo menos, que en una primera aproximación está bien, debido al éxito que tienen los talleres iniciales, al compromiso que genera en los estudiantes, a los casos más llamativos que hemos tenido, como el de Juan, etc. Pero me da la impresión de que todavía no permite prever procesos y tomar decisiones después de iniciado el proceso mismo de desestructuración. Esa es mi preocupación.

AS: Con quienes sí entran en él voluntariamente y quieren algún apoyo, hay cómo hacerlo, pero aún con estos hay que hacer la salvedad, de que sólo se puede brindar este apoyo si ellos lo solicitan. Y por eso también es necesario ir enraizando este trabajo en diferentes contextos para contar con otras instancias de apoyo.

CV: Teniendo cuidado con los riesgos que usted ya mencionó.

AS: Claro. Observe que a principios de los años 80, cuando iniciamos lo que hoy es el *GEC* con Jorge Zamora (Q.E.P.D.)[11] se hizo porque considerábamos en ese entonces, como lo consideramos hoy, que todo lo concerniente a la comprensión de las compleji-

---

11. Físico, Teólogo. Profesor de la Universidad Nacional de Colombia. Bogotá.

dades de la vida humana, de todo lo que implica el vivir, debería ser del interés de todos. No es que en ese momento estuviera totalmente desarrollada la teoría sobre *EEMM*; sin embargo, desde ese entonces se veía claramente esa reacción, esa homeostasis del sistema...

CV: ¿Ya ocurría cuando eran solamente ustedes dos?

AS. No, eso ocurrió cuando fuimos creciendo, cuando fuimos conformando un grupo mayor; al principio, mientras más sacrificios tuvimos que hacer, eso como que nos animaba más, al punto que no nos importaba si teníamos que trabajar extra y sin remuneración. Era una resonancia total, Jorge compartía conmigo que el problema educativo que detectábamos inicialmente desde el departamento de Física no era problema solamente de los Físicos, sino que era responsabilidad de todos los de la facultad, Químicos, Matemáticos, Biólogos, etc.

CV: Pero, cuando yo empecé a trabajar con ustedes, existía el debate de si, por ejemplo, la especialización se podía hacer como la tenemos hoy, o si debían ser, no una, sino varias especializaciones.

AS: Cierto, pero fuimos los dos los que a una sola voz empezamos a convocar a profesores de matemáticas, biología y química, y en ese sentido, en el año de 1984 organizamos el primer seminario de Epistemología de las Ciencias con este propósito; por todo esto y por la resonancia total que teníamos en ese entonces, yo estaba convencido de que, por lo menos los dos, íbamos en la misma dirección...

CV: Por lo visto no fue así. Me acuerdo que en los debates al respecto en mi casa, prácticamente todos sosteníamos que debían ser varias especializaciones: una en física, una en química, una en biología y una en matemáticas, que era lo que se hacía normalmente y las cuales, además, respondían muy bien a la organización de la facultad de ciencias. El único que disentía era usted, que nos *proponía que una especialización debía incluir a todos los docentes sin importar su especialidad.* Esto generaba debates muy agudos y ahí sí vi claramente las primeras diferencias entre Jorge y usted; pero no veo cómo eso se pueda atribuir a una homeostasis del sistema…

AS: Tanto a la luz de la teoría de las EEMM, como a la luz de lo que casi todas las instituciones educativas plantean como propósito fundamental de la educación: la formación integral (a la cual prácticamente no se aproximan en lo más mínimo y aún así no hacen nada para remediarlo), se pone en evidencia que esa contradicción performativa no es más que uno de los *dobles juegos* que se suele jugar la humanidad así misma.

CV: Que parece que a nadie le preocupa.

AS: El hecho de que no se den cuenta de lo que está a la vista, es decir, que la experiencia muestra claramente que no se ha podido lograr siquiera una aproximación a la formación integral y siga todo el sistema educativo como si nada, proponiendo reforma tras reforma, sin analizar ni hacer un seguimiento para ver por qué hacen cada nueva reforma, cuáles eran las fallas de la anterior, etc., todo eso, así como las contradicciones al interior del *GEC* era para mí entendible a la luz de las *tautologías* de las IIEEMM.

CV: Claro, usted puede entender eso, pero en casos particulares como el del *GEC* donde, por decirlo de algún modo, usted es juez y parte, no puede pasar de ahí, de entenderlo.

AS: Exacto. No podía ir más allá. Ahora, en el caso de las discusiones que teníamos sobre la *formación integral,* me surgía la necesidad imperiosa de no dejarle al estudiante la responsabilidad de unir los retazos que le daban cada uno de los especialistas.

CV: Y esa inquietud aún la tenemos.

AS: Aún suponiendo (cosa que poco ocurre) que cada docente aportara lo que suponía que debería aportar a la formación integral de sus estudiantes, debería haber instancias dentro de la educación diaria que posibilitaran la síntesis de lo aportado a la formación integral. Ahora bien, como lo que solía ocurrir es que el trabajo académico se centraba en la información y no en la formación, resultaba aún más imperiosa la necesidad de corregir el rumbo, de plantear medios acordes con los fines.

CV: ¿Quiere usted decir que el proponer una cosa como objetivo prioritario (la formación integral), no cumplirla y no ver la evidencia de que no se está cumpliendo, y no hacer nada al respecto se explica por las tautologías y los dobles juegos?

AS: Claro. Obviamente, como usted lo señalaba anteriormente, eso demuestra que en ese entonces había fallas no solo en las EEMM del grupo, sino en las de la sociedad, y que aún las hay, porque aunque se avanzó mas allá de la propuesta inicial en el sentido de que no fueran varias especializaciones: una en física, una en química, una en biología, y una en matemáticas, como lo proponían prácticamente todos, a lo que tenemos hoy, una sola especialización en Docencia de las Ciencias Naturales y Matemáticas (la E.D.), fue un avance importante, pero nos quedamos cortos, no fuimos mucho más lejos, como la importancia del problema lo ameritaba.

CV: Es que, en ese entonces no se entendía muy bien qué era aquello sobre lo que usted siempre llamaba la atención. Eso se puso en evidencia muy claramente, en el momento preciso en que se hizo contacto con los colegios de Santa Luisa y Santa Catalina con el propósito de poner en práctica esos planteamientos. Allí, precisamente porque no era claro cómo se podía trabajar con todos los docentes de un colegio, sin ninguna excepción, desde el de educación física, pasando por el de religión hasta llegar a los de física y matemáticas, le tocó a usted realizar prácticamente la mayoría del trabajo, no por falta de voluntad o porque los demás no le quisieran ayudar lo suficiente, sino porque no era claro qué era lo que se buscaba y cómo se podía lograr...

AS: Así lo entendí yo, y por eso valoro mucho la confianza que todos depositaron en mí y más aún a los que se arriesgaron a acompañarme en esa aventura desarrollando algunas sesiones de esa primera experiencia...

CV: Fue claro que se pudo trabajar con todos los docentes y hubo todo un movimiento profundo en el colegio en todas las áreas, gracias al cual dimos el salto de la propuesta inicial de la mayoría de nosotros –las especializaciones puntuales en cada una de las especialidades–, a la E.D., la cual para entonces resultaba un poco extraña. Pero aunque se hayan dado estos pasos, que sin duda alguna son muy importantes, aún no hemos resuelto, como grupo, ese problema, en relación con la posibilidad de trabajar con todos los docentes de un colegio o una facultad.

AS: El hecho que la *E.D.*, la hayan tomado docentes universitarios con Ph.D. en disciplinas de las ciencias naturales y con mucha experiencia tanto investigativa en su área, como también mucha experiencia como docentes, de los que no se podía decir que lo hacían por subir en el escalafón o cualquier otro motivo de esa índole...

CV: Pone en evidencia que hay necesidades imperiosas de trabajos de este tipo y que no solo son ideas nuestras.

AS: O el que la tomaran profesionales de otras especialidades que no pertenecen ni a las ciencias naturales ni a las matemáticas, y algunos ni siquiera a la educación, pero que, prácticamente, nos obligaron a abrirles las puertas de la *E.D.*, creo que muestra que, aunque no hemos resuelto ese problema como grupo (hoy hay otras condiciones más favorables para resolverlo), sí nos da alguna evidencia a favor de trabajar con todos los docentes en aras de investigar qué es lo que se entiende por formación integral y cómo se puede llevar a la práctica.

CV: Es que, en cierto sentido, objetivamente tenían razón quienes decían: "No nos metamos en las áreas que no sabemos, a menos que tuviéramos un equipo muy completo de gente de todas las áreas". Además, seguramente, esa será la objeción que pondrán a nuestra propuesta si decidimos hacerla a cualquier institución, sea de educación superior o de otra índole…

AS: Ese fue, en cierta forma, el argumento que nos retrasó el inicio de la *E.D.* por el cual tuvimos que perder varios años para iniciarla. Todo porque no se veía claro que el argumento de que para lograr la formación integral se requieren especialistas en todas las áreas es tautológico e ilógico.

CV: ¿Cómo así?

AS: No se ha demostrado el efecto positivo de la creciente especialización, puesto que todas las instituciones educativas tienen especialistas, contratan todos los que necesitan en todas las áreas que consideran necesarias; incluso, contratan más de la cuenta, cada vez más especializados, con maestrías, doctorados, postdoctorados, y no han logrado prácticamente nada en lo que se refiere a la formación integral.

CV: Es decir, que con ese argumento *lo que se está pidiendo es que se usen los mismos métodos que no han funcionado, sólo porque son los que se usan en todas partes, aunque en ninguna hayan funcionado.*

¿Educación para la comprensión de la vida o para la supervivencia?

Sin resolver el problema de la relación siempre estará en peligro la supervivencia.

AS: Es que, si se consideraba el problema educativo (como se suele considerar) como un problema de destrezas disciplinares, pues lo lógico era crear los postgrados que todo el mundo crea; es decir, en docencia de la física, de la química, etc., pero si el problema de la educación es el de la formación integral, ya en este caso ese tipo de postgrados no aportan mucho, como, además, se ha visto en la práctica…

CV: Aunque casi todos podemos estar de acuerdo en que el aspecto clave de la educación es el de la formación integral (y la gran mayoría de las instituciones educativas sean de básica, media o universitarias así lo enuncien), no se puede desconocer que no es fácil llevarlo a la práctica y, por tanto, la parte disciplinar resulta tomando la gran mayoría del tiempo y de los esfuerzos de las instituciones educativas y de los educadores, entre otras cosas, porque eso es muy importante para el ascenso y para la competencia en la vida profesional…

AS: Exacto; es así como *lo disciplinar se ha vuelto tanto lo urgente como lo importante, terminando por dejar de lado la formación integral*, en aras de aquello que parece lo más práctico, lo cual, por este pragmatismo casi a ultranza, se confunde con lo más necesario o lo casi imprescindible…

CV: Pareciera como si se dijera, así fuera tácitamente, que es o lo uno o lo otro, como si fueran excluyentes…

AS: Ese parecía ser el debate entre nosotros, y en él yo resultaba como muy discrepante, casi díscolo. Pero lo que yo trataba de decir era que el problema de todos los docentes no era ese, sino el de cómo contribuir a través de cada una de las especialidades que se nos confiaban, a la formación integral de los estudiantes...

CV: Sí, recuerdo que se armaban unas discusiones larguísimas porque se pensaba que era una posición fuera de toda posibilidad, atrevida y que quizá no podríamos cumplir. Era algo así como tautológico: usted no está preparado (en el sentido tradicional en el que se suele entender por "preparado"), por ejemplo, sino en física, y por lo tanto, no puede enseñar (en el sentido tradicional en el que se suele entender por "enseñar") sino física, y cualquier otra cosa que vaya a hacer no es válida; más aún, podría llegar a ser tomada como una burla o un engaño...

AS: Exacto, y era en esas situaciones donde la teoría de las *EEMM,* me permitía prever esos procesos, esas situaciones, y tomar decisiones tendientes a iniciar esos procesos de cambio, tomar esos riesgos y sus implicaciones con beneficio de inventario, porque en cierta forma esa teoría me daba una certeza importante sobre lo que yo estaba planteando.

CV: No era fácil; ese era uno de los problemas que se nos presentaba siempre. Recuerdo precisamente que la discusión sobre trabajar con un colegio en todas las áreas y meternos con los de educación física, el arte, la literatura, etc., entonces ya había la objeción de que nosotros no sabíamos de eso y no podíamos cumplirles.

AS: Pero, creo que el trabajo con los colegios de Santa Luisa y Santa Catalina fue decisivo para dar ese salto, para llegar a un punto intermedio, la *E.D.,* puesto que con estos colegios pudimos trabajar con todo el mundo, al punto que algunos docentes, como los de religión, a los cuales creíamos mucho más difícil llegar, fueron los primeros que se levantaron a agradecernos por "el testimonio de vida", nos dieron una gran acogida y, como usted decía, hubo todo un movimiento profundo en el colegio en todas las áreas.

CV: Aunque todavía falta bastante para llegar a la convicción de trabajos en la formación integral, el compromiso al que llegamos con la especialización, en el sentido en que no fuera en especialidades, por ejemplo sólo en física o matemáticas en particular, sino un paso intermedio entre lo que usted proponía y lo que los demás queríamos, es decir en docencia de Ciencias Naturales y Matemáticas, eso ya abrió un espectro mucho más amplio.

AS: Cierto, y en en esos quince años de funcionamiento de la E.D., creo que hemos ido recabando evidencia de la necesidad de un *postgrado*, por ejemplo, para todos los docentes de una institución educativa en algo así como formación integral, que apunte a resolver el problema actual de los retazos, en el cual cada docente le da un remiendo de una especialidad al estudiante (vaya uno a saber con qué calidad), la cual no se sabe qué conexión tiene con las demás en cuanto a formación integral, y se supone tácitamente que el pobre estudiante, que a duras penas puede (cuando puede) con cada una de las asignaturas, tiene que confeccionarse el vestido, es decir unir las piezas de un modo coherente, para tener la ansiada formación integral.

CV: Ya de hecho es una gran cosa que profesionales de otras áreas diferentes a las ciencias naturales y las matemáticas, y educadores de otras áreas, hayan tumbado nuestras resistencias, y casi nos hayan obligado a incluirlos en nuestro trabajo. Eso muestra la potencia de éste y sus enormes posibilidades si decidimos dar los siguientes pasos, es decir, aplicar lo de las EEMM, tanto individuales como colectivas, a grupos más grandes, sean estos un colegio donde se trabaje con todos los directivos, profesores y estudiantes en búsqueda de comprender y poner en práctica lo que aprendamos entre todos sobre la formación integral…

AS: ...O una ciudad donde se trabaje sobre un tema de interés común y fundamental para sus ciudadanos y donde todos ellos se vean involucrados. Ahí ya tendremos mayores posibilidades de que los pocos individuos que han accedido a la experiencia de *EEMM* y se han conmovido con ella no tengan que soportar una carga tan pesada que quizás los lleve a retornar, si no al punto en que estaban, sí, a no poder desarrollar todas las posibilidades que avizoran y que quizás les hagan verse como sumidos en una nueva frustración.

CV: Ahora ya veo por qué cuando queríamos fundar la *E.D.*, usted insistía tanto en que esta especialización se quedaba corta, ya que *debíamos era crear una especialización o mejor una maestría, que involucrara a todos los docentes y directivos de la institución...*

AS: Claro; es que la educación se ha olvidado de su propósito original: *la formación integral,* que todas las instituciones educativas saben enunciar muy bien, y así lo hacen con palabras altisonantes, pero que no logran llevar a la práctica así sea en mínima parte.

CV: En el papel no lo han olvidado.

AS: Por eso se dedican a llenar a los estudiantes de información y a competir con las demás instituciones, en todos los aspectos, menos en lograr que cada uno de sus estudiantes puedan trascender sus limitaciones, sus condicionamientos, y con ellos las sociedades que conforman...

CV: ¿Hasta donde quiere llegar?

AS: Es que ni las sociedades, ni las instituciones educativas parecieran entender que lo que están enunciando en esos papeles como usted lo dice, implica...

CV: Algo muy diferente a lo que están haciendo.

AS: Cierto, implica, *preocuparse porque sus estudiantes sean cuando menos más felices o menos infelices*; algo así como que ellos puedan florecer, contribuyendo así a que las sociedades a las cuales pertenecen también florezcan.

CV: De hecho, la prueba que hicimos con los colegios Santa Luisa y Santa Catalina hace ya varios años, así fuera corta, fue muy exitosa.

AS: Fíjese que aún hoy en día no hay nada parecido y creo yo que hay que crearlo. No sé si está de acuerdo en que el trabajo en la *E.D.*, nos muestra que nos ha dado buenos indicios de que esos espacios hacen falta, de que hace falta un postgrado que se ocupe de la formación integral de los educadores, sean estos de los colegios o de las universidades.

CV: Casi todos saben –así no lo reconozcan– que esas dimensiones, llamémoslas… "trascendentes" hacen falta; lo que pasa es que es más fácil dedicarse a las especialidades.

AS: Pero ¿Cómo no nos van a preocupar los peligros del condicionamiento en que vivimos sumergidos, e incluso el que, aunque los veamos intelectualmente, no actuemos en consecuencia ante ellos? ¿Cómo no nos va a preocupar el que confundamos felicidad con placer?

CV: ¿Cómo no nos va a preocupar que, aunque veamos los peligros, así sea intelectualmente, caigamos en ellos? En última instancia, ¿cómo no nos va a preocupar que con toda la "educación" que decimos darles, no logremos una comprensión actuante?

AS: Sí; ¿Cómo no nos va a preocupar que con toda la "educación" que decimos darles, sólo hayamos logrado que estén prácticamente desde el nacimiento hasta la muerte persiguiendo el placer? Pareciera que lo que les queda claro es que la vida es solamente, buscar la satisfacción, el éxito, la realización que les indica la inconciencia de sus estructuras mentales.

CV: Cierto; la estructura de la sociedad parece preferir el placer que, como ya lo han experimentado tantas y tantas generaciones, sólo trae frustración, pena, dolor y miedo y a causa del miedo, violencia...

AS: La cual incluso en un número muy importante de seres humanos termina causándoles placer. Es más, la mayoría de nosotros ha terminado por aceptar la violencia como un estilo de vida. Por todo eso, creo que debemos seguir adelante, buscando espacios para operar sobre las *IIEEMM*, tratando de ir más allá de esos condicionamientos tan milenarios, con una comprensión actuante de que hay una dimensión por completo diferente, a la cual ni siquiera vale la pena ponerle un nombre.

CV: De ahí su insistencia en que, si toda la institución educativa, colegio, facultad o universidad no entra en un proceso como el que usted proponía en ese momento, por lo menos con todos sus docentes, pues los de un área u otra que hayamos contribuido a formar, y que traten de trabajar en la dirección que aprendieron, van a estar siempre como ahogados por las mayorías que no han sido formadas en esa dirección... y eso sí se ha visto que es un obstáculo en la práctica con los que hemos graduado. Ahora, volviendo a los vacíos de la teoría de *EEMM*.

AS: Sí, por favor, volvamos a ellos, porque aunque son buenos los estudios de caso a los que sin duda volveremos, tenemos que ver cómo corregir el *modelo*, o mejor como yo lo denomino, la *metatexperiencia,* haciendo una composición de meta, como más allá con *teoría* y *experiencia*. Es una abreviatura que hago de estas tres palabras porque lo que trato de hacer no es ni teoría, ni es algo netamente experiencial.

Procesos humanos y teoría de procesos y sistemas

CV: Yo decía que todavía había problemas con algún tipo de vacíos sobre las EEMM, en primer lugar, porque no está todavía muy clara esa caracterización de los diversos tipos de estructuras mentales iniciales y no está muy claro si uno al final pretende "una estructura mental final buena" o si prefiere más bien mantener una desestructuración.

AS: ¿Cómo así?

CV: Porque a veces, parece que usted formula la cosa como si se saliera de unas estructuras mentales a las que se les han visto sus debilidades, por llamarla así eufemísticamente; pero que hay otra estructura mental que sí es abierta, apropiada, etc., y entonces había que caracterizarla también; en cambio, otras veces me da la impresión de que dice que las estructuras mentales son los puntos de partida y que precisamente se trata es de desequilibrarlas, pareciera que el mantener una desestructuración mental muy abierta es la meta. Ahí veo que hay un vacío teórico, al menos de precisión.

AS: ¿En la teoría o en la práctica?

CV: Cuando hablo de la parte práctica, no es que yo crea que es posible tener una buena teoría y después mirar cómo se trabaja en la práctica y así encontrar dificultades en la práctica; el encuentro de dificultades en la práctica muestra precisamente que el modelo teórico todavía no está lo suficientemente bien elaborado para que uno pueda encontrar hipótesis de trabajo para guiar la práctica, como en cierto sentido analizando el modelo y sacando inferencias para orientar la acción.

AS: ¿Está usted pensando en alguna teoría específica al respecto?

CV: Sí; desde el punto de vista de la teoría general de procesos y sistemas, *un modelo es precisamente una manera de anticiparse a la evolución de los procesos de lo real*. Esa es una estrategia que nuestra especie ha desarrollado como defensa evolutiva; la de no esperar a que lo arrollen a uno los procesos, como ha sucedido con las especies que se han extinguido, sino de adelantarse a esa aplanadora evolutiva, diciendo: si va a pasar por ahí, entonces me quito; si va a detenerse, entonces me adelanto, etc. La práctica misma da unas pistas, pero la *praxis*, como práctica ya alimentada por ese modelo teórico, es la que permite precisamente ver si el modelo está ya más depurado o si es necesario revisarlo o cambiarlo completamente por otro, porque el inicial ya no tiene arreglo.

AS: En relación con los vacíos sobre las *EEMM* que usted señalaba anteriormente, voy a empezar con la primera parte de la caracterización misma. Voy a volver a hacer un esquema casi grosero, una metáfora, que como toda figura literaria o comunicativa es muy limitada y la cual ya había propuesto antes; o sea, voy a pintar al ser humano como un muñeco, una especie de computador o *hardware* y ese muñeco o *hardware*, por lo que conocemos a través de la historia de la humanidad.

CV: ¿Sin esa estructura mental sería como un computador sin *software*?

AS: Sí, con esa *estructura mental* entra a ser ese ser humano que conocemos; y como decíamos, esa estructura mental no es otra cosa que una forma de *programación dinámica* que se va realizando a lo largo de toda la vida del individuo, a través del individuo, a través de la "educación o mal-educación", como quiera denominársele, la cual es una cadena de miles, de quizás millones de años, que se constituye en una herencia de muchísimas generaciones que tenemos todos los seres humanos, de cuya existencia y efectos sobre nuestras vidas decimos "saber" intelectualmente, pero de las cuales somos inconscientes, por lo que nosotros las denominamos *IIEEMMCC* como lo hemos logrado demostrar en la práctica en el trabajo de las *EEMM*...

CV: Con las encuestas, los seminarios taller, etc...

AS: Sí, y como ya estaban ahí cuando nacimos, como son tan milenarias, tan viejas, tan antiguas, tan arcaicas, se las ve, se las siente, como que van más allá de todas nuestras posibilidades de comprensión; prácticamente nos sentimos incapaces de entender de dónde vienen todas esas influencias que nos hacen actuar como actuamos, ser como somos y, por tanto, con esos materiales, empezamos a fabular o a inventar o reinventar mitos para tratar de explicar la raíz de eso que nos hace actuar como actuamos, valorar como valoramos, juzgar como juzgamos, en fin ser como somos...

CV: Y a cualquiera que trate de cuestionar esas explicaciones, lo vemos como una amenaza...

AS: Claro: ese mecanismo, naturalmente, tiene que defenderse, protegerse, impedir que le toquen su núcleo; se coloca cinturones protectores de tal forma que el asunto es no dejarse desestabilizar, porque al ser humano en general le parece que sin ellas no es nada, casi no existe.

CV: Es natural que se defiendan.

AS: Las IIEEMM le enseñan qué es bueno, qué es malo, qué le gusta, qué no le gusta y, paradójicamente, a través de esas estructuras tiene que evaluar lo que le llega, lo que percibe, la experiencia, las sensaciones, y todo eso acaba retroalimentando las IIEEMM.

Y obviamente, ellas le *dicen por qué vale la pena vivir, y por qué vale la pena morir;* es decir, ellas son las que *le dan el sentido a la vida de los seres humanos*, y como ya lo hemos señalado, van a ser acordes con los esquemas previos, lo cual decíamos que es un esquema tautológico…

CV: O sea, que es una especie de trampa sin salida; el ser humano no podría, entonces, salir de ahí por sí mismo, y quizás sea por ese sentimiento de impotencia, que prácticamente siempre ha sentido, por lo que se puede dar cuenta que su destino no está en sus manos, que no tiene posibilidades de salir de esa vida de angustia y dolor que hemos vivido por tantas y tantas generaciones y asume que es alguien o algo externo el que lo podría liberar, y así, como usted decía, inventa prácticamente en todas las culturas los innumerables mitos, ritos, tradiciones, sean estos redentores, dioses, teorías, metateorías o como quiera llamárseles…

AS: Esos son algunos de los efectos de que el ser humano sea inconsciente de qué es eso que lo hace actuar como actúa. Lo cual no quiere decir que estemos calificando lo que encontramos en esta investigación, ni que estemos diciendo que los diversos tipos de estructuras mentales iniciales sean buenos o malos, lo que estamos diciendo es que simplemente son, que están ahí, y que eso es lo que hemos encontrado.

CV: O sea que sí tienen esos efectos de trampa.

AS: Los tienen. Y eso sí se puede ver fácilmente, si se ha llegado hasta aquí en la investigación, esos efectos de generar impotencia, de señalar caminos y metas que ya se ha comprobado una y otra vez a través de la historia…

CV: Y se sigue comprobando…

AS: Que producen los resultados que están a la vista de todo el que los quiera ver, pero que también posibilitan que los enmarquemos dentro de esquemas totalmente opuestos unos a otros, de acuerdo al tipo de *IIEEMM* que esté haciendo esa valoración, de tal forma que todo lo que ocurre termina dependiendo del prisma con que se mire, al punto de que lo que desde unas *IIEEMM* se puede ver como muy positivo, desde otra sea demasiado negativo. E incluso se puede dar el caso que los confrontemos entre sí. Ese es otro mecanismo de defensa.

CV: Pero ahí es donde debo insistir, en que no está muy claro si uno al final pretende "una estructura mental final buena" o si prefiere más bien mantener una desestructuración.

AS: Cualquiera que esté en *IIEEMM* no se da cuenta de que asume como un absoluto que la estructura mental buena es la suya, precisamente por esa forma de ser de las *IIEEMM,* especialmente por sus tautologías. Y precisamente por eso no se puede decir, desde las *IIEEMM,* cuál es la mejor, porque la repuesta es obvia desde ellas, casi de Perogrullo, y por tanto no aporta nada. Todo porque *las valoraciones, los juicios, las morales, las éticas que se hacen desde cualquier tipo de IIEEMM son tautológicas, y por eso tienen tan poco valor y son tan inconsistentes.*

CV: Por eso es tan sorprendente para la gente el darse cuenta, con una *comprensión actuante,* de que tanto como individuos o como colectividades hemos podido vivir tantos años de nuestras vidas sin darnos cuenta de las cosas más elementales sobre ellas.

AS: En ese sentido podría parecer que le he dado largas para responderle que sólo después de la desestructuración, es decir cuando ya no se es inconsciente de las IIEEMM, o sea, ya estando en EEMM, es posible valorar y enunciar como lo hemos hecho. Si se hace desde las IIEEMM y se asume intelectualmente, este "saber" se convierte en un obstáculo más, en un engranaje más de las IIEEMM que refuerza la inconciencia.

CV: Aunque algunos, como Enrique (egresado de la especialización con formación en Filosofía), se preguntan si existe verdaderamente un después. Y piensan que pareciera que nos movemos –permanentemente– en una tenue línea entre *IIEEMM y EEMM.*

AS: Eso indica la permanencia del proceso y las dificultades que usted señalaba.

CV: Es decir que, aunque hayamos denominado *Estructuras mentales (EEMM),* al estadio subsiguiente a la desestructuración, o mejor a la toma de conciencia acerca de esa especie de mecanismos que nos hacen actuar como actuamos, no es que estemos queriendo decir que ahora sí nosotros, en medio de nuestra sabiduría, podemos decir cuál de todas las estructuras mentales existentes o *IIEEMM* es la mejor.

AS: Esa es la idea.

CV: Entonces, por el contrario, de lo que se quiere hacer caer en la cuenta a través de los nombres *IIEEMM y EEMM* es que sólo en el momento de la desestructuración se da uno cuenta de que había una estructura que lo hacía actuar como actuaba, y por eso, en el mismo darse cuenta con una comprensión actuante, ya no va más ese tipo de estructura de la cual uno se da cuenta, no existe como tal, como estructura absoluta, aunque para denominarlas se use el nombre *EEMM* no quiere decir que sean rígidas o inmodificables.

AS: Uno no puede eliminarlas, porque eso sería un acto de voluntad que provendría de las mismas.

CV: Sino hacerlas conscientes, relativizarlas, desestructurarlas un poco.

AS: A través de la comprensión actuante. Porque de lo contrario, le estaríamos contribuyendo a generar un nuevo problema a los seres humanos que nos escuchen y que se encuentra en *IIEEMM*, poniéndoles como meta, como objetivo final, el lograr la supuesta mejor estructura mental, que es lo que ya se está haciendo dentro de las *IIEEMM* en donde se vive en busca de una *EEMM* que lo sacará a uno de todos sus problemas, como se ha hecho tantas veces a lo largo de la historia.

CV: Entonces, esa es otra característica de las *IIEEMM*.

AS: Precisamente, esa es otra característica de las *IIEEMM*, que muestra que si estamos buscando la mejor, todavía somos inconscientes de las *EEMM*. Realmente la clave ahí es que esa programación deja a la persona viviendo su vida con base en el 5% o 10% de sus posibilidades, o sea, en la parte puramente mentalizable, de pensamiento, de memoria, de ponerse metas dentro de las *IIEEMM* y seguirlas, negándole a la persona el 90% de sus posibilidades en el mejor de los casos…

¿Qué es lo que se suele enseñar como meta final, como objetivo de la vida a las nuevas generaciones?

CV: Y eso es lo que se suele enseñar como meta final, como objetivo de la vida a las nuevas generaciones; trazarse metas dentro de las IIEEMM, e invertir su vida en alcanzarlas, lo cual, por buenas que parezcan, termina por decepcionar a cualquiera que se detenga a mirar esto con un poco de cuidado y seriedad.

AS: Claro, en las IIEEMM las metas son exógenas; en cambio, como lo estamos planteando, especialmente en un libro como este, sobre educación, no estamos proponiendo metas (en el sentido que se suele entenderlas), a menos que llamamos "meta" a ese estado de mayor conciencia de las *EEMM*…

CV: A su relativización y desestructuración. En ese caso, si se quiere expresar esto en esos términos, sería una meta endógena. Dicho de otra forma, desde la teoría de EEMM, la propuesta hacia donde debemos ir (si se tratara de expresarla en esos términos), estaría centrada en el *desarrollo de los seres humanos*, por ejemplo, tratar de ver cómo hacer para que en lugar de usar solamente el 5% o al 10% de nuestras posibilidades como humano, podamos usar el 15%, o más…

AS: Claro, y eso sería fabuloso; en los otros esquemas y en las otras propuestas, lo que se propone es: dediquémonos a pulir ese 5% en función no del florecimiento del ser humano, sino en función de una programación, de las IIEEMM, en aras de las cuales ha habido y hay tanto dolor, angustia, sufrimiento, y se han sacrificado y se siguen sacrificando millones y millones de seres humanos.

CV: Desde las *IIEEMM*, lo importante no son los seres humanos sino las *IIEEMM* mismas, gracias a las cuales nos metemos en algún campo en particular, sea éste el campo de la física, matemática, biología, o cualquier ocupación, y nos dedicamos a pulir ahí un pequeño aspecto de lo que es la totalidad de la vida.

AS: Y así, ya trazada una meta, dado que el ser humano sólo es un medio para los fines de las *IIEEMM*, todo tendrá que girar alrededor de fortalecer las *IIEEMM*.

CV: Y ahí parece que estamos en una trampa sin salida, como la que decíamos antes, y así, todo, en especial la educación, debe servir a este propósito.

AS: Es el mismo problema de siempre: desde las *IIEEMM*, quienes regulan la educación son trascendentes en ella y la cambian según su inclinación personal; los profesores no saben hacia dónde tienen que ir; los alumnos tampoco, las instituciones educativas menos, pero como la maquinaria está andando, el que se salga de su órbita puede terminar aplastado por ella. Es un proceso al que hay que someterse, porque ese es el juego social, y así la educación termina convertida en una droga amarga que hay que tomarse y…

CV: Para tratar de hacerla menos amarga…

AS: Todo el mundo habla de "la formación integral", de que queremos formar estudiantes autónomos, creativos y una cantidad de cosas que se ven muy bien en el papel, y en las que todos parecen coincidir en sus enunciados, pero a la cual nadie se asoma siquiera medianamente.

CV: Nadie pone las metas para generarle un poco más de autonomía a los estudiantes, ni les ayuda a que sean un poco más creativos y mucho menos a la tan mentada formación integral, sino que la educación lo que hace es contribuir a reforzar esa estructura que es la antítesis de todo esto, una estructura mental totalmente heterónoma, apta para el sometimiento y por tanto, de ese tipo de personas educadas bajo ese esquema no vamos a poder lograr gente que transforme esa sociedad, que participe en su liberación y menos que la libere.

AS: Por eso es tan importante "darse cuenta, con una comprensión actuante, de las *IIEEMM*", porque mientras estemos en ellas, y aunque se pueda ver esto como cualquier otra cosa a través de su enunciación, de su predicación…

CV: Al menos intelectual y aparentemente con ahorro de tiempo, en relación con él tratar de producir la –*comprensión actuante*–…

AS: Habría una gran perdida y es que no se generaría una *comprensión actuante* y entonces, desde las *IIEEMM* se saltaría a la conclusión de que el problema es de coger "eso que no funciona", sacarlo de ahí y poner alguna otra cosa que sí funcione.

CV: Pero por las tautologías y demás características de las *IIEE-MM*, en el fondo, el problema no sólo estaría mal planteado, sino que, por ende la solución también.

AS: Claro y lo peor es que eso es lo primero que a uno le surge desde las *IIEEMM* como solución: hacer el famoso "cambio", y entonces, surge algo más difícil: si lo que tengo no funciona, ¿Por qué hay que reemplazarlo?

CV: Exacto; parece que desde las IIEEMM, todas las respuestas que uno encuentra son de reemplazar una estructura por otra, y va uno a mirar cuidadosamente la otra y son la misma cosa. Entonces uno se da cuenta claramente, de que cualquier estructura es opresiva. Las estructuras mismas que se generan para reemplazar las antiguas resultan tanto o más opresoras que las anteriores.

Estructuras mentales y beneficio social

AS: Claro que, obviamente, para la utilidad social, no se puede negar que hay estructuras mentales inconscientes (*IIEEMMII*) mejores que otras. Puede ser más útil mi estructura mental que la estructura mental del sicario; pero para el sicario, su estructura mental es tan valedera como la mía, porque para él, ésta le permite alcanzar sus logros, brindarle la casa a su mamá así lo maten a él. Para él, dentro de sus tautologías esa estructura funciona. O por lo menos es lo que él cree. La gente es un poco pragmática y en la medida en que cree que le funciona, sigue adelante con ella, la única vez que se cuestiona es cuando la realidad la golpea y...

CV: En lugar de afrontar este cuestionamiento, todos tratan de buscar algún consuelo o paliativo...

AS: Sí; simplemente acuden al tiempo, a alguna distracción, al alcohol o la droga para que les ayuden a soportar ese problema, como suelen decir: a hacerlo más llevadero, a que lo puedan ir olvidando, a que vaya quedando en el subconsciente y en ese momento creen que se ha resuelto el problema (a eso lo suelen llamar resolver); pero no sólo el problema sigue ahí, sino que entra a engrosar todo el cúmulo de problemas que antes recibieron el mismo tratamiento.

CV: Y eso les va a reforzar ese comportamiento...

AS: Fortaleciendo esa estructura de que lo único que queda cuando pase por la experiencia del dolor, es que no quiere volver a tener dolor. Cada nueva experiencia dolorosa lo que me hace es reforzar la necesidad de no acercarme al dolor y evitarlo en lo posible y, así, un componente muy importante de la estructura mental que tenemos es la estructura de evitación del dolor y la de la búsqueda del placer, pero un placer concomitante y coherente con esa estructura mental. Es algo totalmente tautológico. Como lo decíamos, todas son lo mismo...

CV: Unas mejores que otras de acuerdo a quién las juzgue.

AS: Si se está en *IIEEMM*, claro que sí, pero si la persona ya está en *EEMM*, al fin y al cabo nadie puede decirle, que tenga la mejor; es decir todas son iguales. Pero si corriéramos el riesgo de creer que la tenemos, ya estamos en *IIEEMM*, porque eso nos convierte en mesiánicos, en esas personas a quienes ahora no les importan los demás seres humanos sino sus propias ideas, que son coherentes con su estructura mental, y se dedican a hacerles propaganda y a atrapar a los otros en su juego; es más, el mesianismo por imponer una nueva estructura como la mejor; sería un claro indicativo de que no estábamos en *EEMM* sino en *IIEEMM*.

CV: Luego lo que podemos concluir es que, al final, no se pretende "una estructura mental final buena" o mantener una desestructuración total, sino que lo que se pretende es que el ser humano se libere por sí mismo de la confusión, del desorden y de las contradicciones, que son algunos de los efectos de que seamos inconscientes de qué es lo que nos hace actuar como actuamos. Pero ahora veo que su renuencia a presentarlo como una meta, a formular lo que hay que hacer, es porque si se hace así, se habrá creado otro patrón en el que se estará cada vez más atrapado; se reforzará la heteronomía, porque quien así lo asume, estará haciendo lo que siempre hemos hecho creerle a otros, dependiendo de los demás para orientar sus vidas.

AS: Así es. Ahora, en cuanto a lo que usted decía sobre que el modelo teórico todavía no está lo suficientemente bien elaborado para que uno pueda encontrar hipótesis de trabajo para la práctica, no sé si coincida con Enrique en que las hipótesis de trabajo para la práctica residen en la posibilidad de la desestructuración. Es decir, están cifradas en lo expresado en el párrafo anterior.

CV: Ahora esta más claro. En eso coincido con lo que decía Enrique.

AS: Ahora, en lo que usted, y me imagino que los demás compañeros del GEC asumían, como que yo no quería posibilitar que otros pudieran reproducir lo que yo hago. Esto no es reproducible en el sentido tradicional. El trabajo con seres humanos, y en particular el trabajo en EEMM, no es como el trabajo en física o en cualquier ciencia natural, donde se trata de que el conocimiento que se obtiene en las investigaciones se convierta lo más pronto posible en técnica, en industria, en práctica, etc., que es como, desafortunadamente y por el éxito que han tenido las ciencias y las técnicas, se ha tratado de operar con los seres humanos, con sus mentes…

CV: ¿Quiere decir que para los seres humanos no se aplicarían teorías como la teoría general de procesos y sistemas?

AS: Aunque se aplicara a ellos, de poco les serviría que uno les dijera que sí o que no, que se aplica así o asá.

CV: ¿Por qué?

AS: Fíjese que, como producto de las ciencias a las cuales se aplica muy bien dicha teoría, tenemos suficientes conocimientos, bastantes modelos que nos permitirían anticipamos a la evolución de los procesos de lo real, que podrían servirnos como defensa evolutiva, de tal forma que si estos conocimientos y modelos operaran sobre la *IIEEMM*, no hubiéramos tenido que esperar a que nos arrollaran muchísimos de los procesos que nos están arrollando y podríamos evitar…

CV: Que nos arrollaran muchísimos de los procesos que sabemos que nos van a arrollar en el futuro.

AS: Sin embargo, hay muchos que sabemos que esas verdaderas tragedias anunciadas ocurrirán, a pesar de contar con tantos modelos y conocimientos que pudieran evitarlas.

CV: ¿Es decir, que las IIEEMM nos han hecho y nos harán actuar en muchas tragedias anunciadas, como las especies que se han extinguido, impidiendo que nos adelantamos a esa aplanadora evolutiva?

AS: Claro; es que en muchos casos, son precisamente esas inconciencias, tautologías, dobles juegos, etc., de las IIEEMM las que terminan usando esas mismas ciencias, esas tecnologías, esos modelos y la gran mayoría de los conocimientos que generemos, para la fragmentación, para los conflictos y para, en última instancia, desencadenar y acelerar las tragedias anunciadas.

CV: De ahí la desconfianza con las ciencias.

AS: Y, en cierta forma, precisamente por eso, todas las esperanzas que se cifraban en las ciencias, viéndolas en el siglo XX casi como panaceas para resolver los problemas humanos, terminaron en un desencanto generalizado y hasta en reacciones contrarias, como los animismos, los espontaneísmos y los postmodernismos que les endilgan la culpa de muchos de nuestros males y terminaron por pasarlas, en la apreciación de muchos, de posibles benefactoras a destructoras y dañinas para la humanidad.

CV: Es que resulta casi tragicómico que sepamos que, de seguir como vamos, va a haber guerras por el agua, o que estamos generando una tragedia ambiental mundial, y que esas capacidades de anticipación, no sirvan para nada.

AS: Claro, porque las *IIEEMM* no creen que pueden hacer nada al respecto, que eso se sale de sus manos, y en medio de su relación de amor y odio con las ciencias que recogen esas pistas de la práctica misma para convertirlas en modelos, muchos no les creen, y los que les creen, a pesar de las reservas que puedan tener con las ciencias, se atienen a ellas para resolver esos problemas, como si sus ciencias preferidas pudieran ayudarles a resolverlos.

CV: Ahora volvamos al asunto de si, en nuestro caso, la praxis como práctica alimentada por ese modelo teórico, nos permite ver si el modelo está ya más depurado, o si es necesario revisarlo o cambiarlo completamente por otro, porque el inicial ya no tiene arreglo.

AS: Es que es precisamente la praxis la que nos dice que, debido a la forma de funcionamiento de las IIEEMM, no sólo los modelos de las ciencias humanas y sociales, sino todos los modelos sobre cómo funciona la humanidad, sean estos sociológicos, psicológicos, econométricos, educativos, etc., requieren de un enfoque totalmente distinto.

CV: Entonces, podríamos decir que, por ejemplo en el caso del *GEC*, las dificultades que tenemos no se dan por problemas del modelo, sino que, precisamente, es el modelo el que nos permite preverlas y comprenderlas a través de ese inventario de los mecanismos de defensa que se suelen asumir ante la posible desestructuración de las *IIEEMM*, e incluso, es el modelo el que nos permite prever hasta donde podemos ir, ver los límites más allá de los cuales estaríamos o generando conflictos que podrían llevar a la disolución del *GEC*, o aprovechándonos del poder del modelo y manipulando a los interesados.

AS: Aunque, como decíamos antes, "el modelo" en nuestro caso no es un modelo en el sentido tradicional.

CV: Esas precisiones que usted ha hecho son muy importantes, porque el mayor peligro que hay cuando se investiga acerca de cómo se puede afectar el comportamiento humano, es que se termine utilizando lo que se halle en la investigación, para tratar de manipular a los seres humanos, y por eso creo que esa es la primera salvaguardia que debe tener un trabajo de investigación en esta dirección.

AS: Y esa es la primera característica que tiene el trabajo en EEMM, porque aunque busque cuáles son las posibilidades de producir un cambio radical en el ser humano, la primera premisa es que éste ocurra de adentro hacia afuera, que cada uno lo haga por sí mismo, a través de la comprensión de sí mismo, *es decir que el cambio sea endógeno y no exógeno.*

CV: Ya veo que, en ese sentido, por tratarse de la comprensión de las complejidades de la vida humana, de todo lo que implica el vivir como ser humano, el concepto de modelo no correspondería al concepto de modelo tradicional, y con esta salvedad sí estaría suficientemente caracterizado y tendría la suficiente finura como modelo para permitir tomar decisiones sobre casos difíciles.

AS: Nunca acabado. Es que, como siempre, nos vemos en las mismas situaciones ya sean las de crear nuevo léxico o de usar el existente con las respectivas aclaraciones.

CV: Normalmente, el modelo se toma como algo preciso, acabado, que debe aceptarse o imitarse o adaptarse según se lo presenten a uno (o con pequeñas variaciones).

AS: Aquí no se trata de que algún experto le muestre a uno un modelo mejor que el que uno venía manejando. Tampoco se trata de que sea alguien externo, ya sea un psicólogo, psiquiatra, gurú, etc., el que toma las decisiones por uno, sino que el único que las puede tomar es el sujeto en el cual se tienen que dar los cambios y que los demás le pueden servir como espejos o señales que le pueden facilitar el camino, ayudándole, en esas formas, a ver que es lo que en él no está viendo, qué es en lo que él no está comprendiendo, pero no indicándole y menos induciéndole hacia un camino u otro.

CV: Con las salvedades anteriores, en ese sentido el proceso personal de reflexión nos permite prever procesos y tomar decisiones, pero después de iniciado el proceso mismo de desestructuración. Ahora ya veo por qué usted dice que buena parte de los problemas que se han dado en el proceso del *GEC*, de la especialización y de la misma facultad de ciencias en la cual se desarrollaba todo ese trabajo, usted los entendía perfectamente a la luz de la teoría de *EEMM*, aunque en ocasiones parecía que todo esto se salía de las buenas intenciones de todos nosotros y de todas las instancias a nuestro alcance.

AS: Exactamente; con ese conocimiento uno no se podía atrever a manipular a las personas en aras de avanzar un poco más allá o de ir un poco más rápido; no podía caer en que el fin era tan importante que justificaba los medios.

CV: Y por esas diferencias, como ocurre en todos los grupos, surgían tantos malentendidos. Estos se podían atribuir a que "era por falta de claridad, por lo que no se avanzaba más", o a que "los conflictos se deban al poder", incluso y por esa tranquilidad relativa con que usted llevaba las cosas, terminaban viéndolo en todas partes algo así como amenazador, u osado, por no decir irresponsable, puesto que su actitud ante las dificultades no era la de echarse para atrás, sino antes la contraria, era la de ir adelante, proponiendo cosas que se salían ampliamente de lo normal…

AS: En los grupos configurados desde las *IIEEMM*, suele primar el interés individual, sobre el colectivo, suele primar no el líder natural (como se suele decir), sino aquel que "sabe jugar mejor" dentro de esas *IIEEMM*, el que tiene menos impedimentos éticos, y "sabe jugar con el poder institucional", de ahí la importancia de revisar los hechos que se iban dando a la par que íbamos desarrollando la teoría de las *EEMM* y avanzado como *GEC*. Porque es importante ver cómo son las diferentes miradas y acciones.

CV: Es importante ver cómo, todos nosotros como seres humanos, actuamos en esas circunstancias, que llegan a ser dramáticas porque son reales.

AS: Tan reales que en ellas, hasta se ponen en riesgo las amistades más profundas y los más caros afectos…

CV: Claro, en estas casos se puede ver que no estamos predicando, o tratando de decir a los otros qué hacer, sino que estamos viviendo, con nuestros condicionamientos, con nuestras *EEMM*, o *IIEEMM* según el caso, y tratando de esclarecernos las situaciones en las vivencias y en las relaciones.

Relaciones, interdependencia, necesidades mutuas y finalidades

AS: Develando cómo confundimos las relaciones, la interdependencia, las necesidades mutuas y las finalidades.

CV: Al punto que terminamos como lo hacen todos los seres humanos, utilizándonos unos a otros, perdiendo el contacto, la relación, la comunión, generando la suspicacia, la envidia, el miedo y el conflicto constante…

AS: Esa es, en última instancia, la forma en que se organizan las *IIEEMM*, tanto individuales como colectivas. Las estructuras mentales se construyen alrededor de las necesidades psicológicas, fisiológicas, espirituales y materiales. Por eso están tan bien protegidas y producen tantos mecanismos de defensa.

CV: Y, dadas estas dificultades, cuando logramos avanzar en medio de ellas, nos aferramos a los pequeños logros, por ejemplo en nuestro caso a *la E.D*, perdiendo de vista lo esencial que es comprender la relación en la vida cotidiana.

AS: Sí, puesto que, por ejemplo, si una amistad de muchísimos años se pone en juego, se arriesga, nos replegamos, nos volvemos hacia atrás y terminamos cayendo en la trampa que usted mencionaba. Creo que eso nos ha pasado.

CV: Además, por eso se terminan acuñando adagios populares, como el de que nadie es profeta en su tierra, porque usted puede tener la teoría más sólida, pero cuando uno está dentro de esas estructuras, dentro de esos círculos, se tienen dos posibilidades; uno es guardárselo y callarse, que es lo que usted ha hecho tanto con el grupo, como con la familia.

AS: De donde surgen las suspicacias de que es que uno no quiere que otros también lo puedan hacer...

CV: Y la otra es soltarla claramente, y entonces generar una cantidad de tensiones, las cuales nadie quiere soportar. Uno está acostumbrado a eludir, a no querer verse involucrado en ellas...

AS: Es parte de no querer generar conflictos, pero también de nuestros temores, porque se suelen asumir las posiciones disímiles como ataques personales y no como una búsqueda de caminos para ir más allá. No asumimos la relación como esa búsqueda de esas piedritas que todos tendríamos que poner para poder avanzar por los pantanos...

CV: Claro que esas tensiones tendrán que generarse tarde o temprano, porque no puede uno esconderse indefinidamente; la mayoría de las veces, por no hacerlo se cae en una especie de limbo, en el cual las relaciones se deterioran hasta hacerse prácticamente inexistentes, y lo poco que queda, si es que algo queda, se mantiene a través de generalidades y cosas superficiales; pero en el fondo sólo hay remolinos y turbulencias. La relación no progresa: se estanca en una calma aparente, pero no contribuye al crecimiento personal de cada uno de los involucrados.

AS: Ese es el problema de los grupos: se generan para una función y es la función la que termina importando, y no aquellos que la ejecutan. Eso es lo que se podría llamar la "institucionalización", la institución une para la función, pero divide a quienes la conforman. Une y divide, magnificando estos dos aspectos.

CV: En las instituciones creadas desde las *IIEEMM* se parte que los seres humanos son lo importante, la razón de ser de los grupos, pero como lo hemos tratado de ilustrar, los seres humanos no terminan siendo sino engranajes de una maquinaria que los explota y destruye.

AS: Eso desde las *IIEEMM*.

CV: Precisamente por eso hay que apostarle cada vez más duro a esta búsqueda común.

¿Que es educar?
¿Qué se está haciendo para educar?

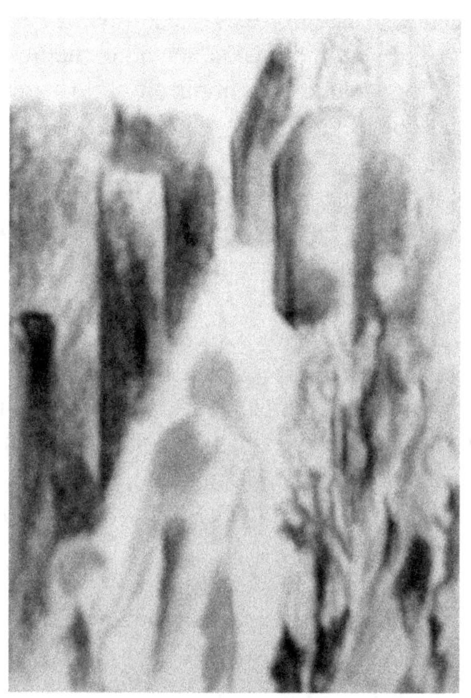

CV: Hay todavía demasiadas cosas por tratar, pero para no hacer muy largo este libro, creo que debemos concluir en este capítulo y, de ser necesario, se puede pensar en un cuarto tomo sobre educación ciudadana. Pienso que el tema que debemos tratar para finalizar este libro es por ahora, la educación en la familia y en los colegios.

AS: Estuve trabajando con nuestros coinvestigadores acerca de cómo debíamos finalizar y había coincidencia con lo que usted acaba de decir. A propósito de las preguntas: *¿Qué es educar? ¿En qué educar? y ¿Cómo educar?*, encontramos tres conclusiones: 1. La afirmación categórica de que lo que se está haciendo en la educación es diferente a lo que sería una verdadera educación. 2. Que para bien o para mal, los resultados de esa "educación" han sido y serán los que orienten nuestras vidas y, 3. Que, básicamente, lo que hemos tratado de hacer ver a través de nuestra obra, y más específicamente en este libro, es que a través de la educación se podría llegar a una comprensión actuante que nos saque de las *IIEEMM* y de todo lo que éstas implican, tanto para los individuos como para las colectividades.

CV: Ahí, para empezar, me parece más llamativa, la primera idea de que *lo que se hace en educación es lo que no se debe hacer en educación...* ¿Qué querían decir con esto?

AS: Que *todo lo que estamos haciendo se hace para acomodar al niño y al adolescente a una determinada IIEEMM,* a la oriental o a la occidental, más específicamente a la católica, la musulmana o cualquier otra, y parece que todas se acomodaran, sin necesidad de ponerse de acuerdo, a una *IEMC* mundial, porque lo que importa es la estructura o el poder dominante que esté en ese momento...

CV: Como, por ejemplo, lo que hace Colombia cuando se prepara para la globalización es para acomodarnos a lo que los poderes dominantes digan y lo hacemos porque ellos han tenido éxito y si ellos han sido exitosos, se supone que eso es lo mejor.

AS: Esa es la tesis; por esa evolución de las *IIEEMM* (no en el sentido de progreso), por esa ley de la jungla, todos nos acomodamos de una u otra forma a la Estructura Mental Colectiva mundial, y en lo que concierne a la educación, así lo hacen las universidades, los colegios, etc., que, o se acomodan o se tendrán que acomodar tarde o temprano a la educación mundial, reduciéndose a implantar en la mente de los jóvenes las *IIEEMM* y sus valores correspondientes, que nos han conducido a esta crisis permanente. En resumen, lo que se está haciendo en la educación es tautológico y acomodaticio, y no busca el crecimiento del ser humano.

CV: Con el agravante de que la forma de operar de cada persona lo retroalimenta y lo fortalece, aunque diga que no lo comparta. Lo peor es que todos los países, especialmente los en desarrollo, gastan muchos recursos, tanto en dinero como en tiempo, tratando de ser como los desarrollados; sin ver todo lo que estos países han contribuido a que la situación esté como está, y sin darse cuenta de que ellos están solamente "menos peor", pero que no son precisamente los modelos a seguir, o por lo menos, no los países que se deberían escoger como modelos. Si tan sólo los profesores viéramos las cosas de otra manera, ya se iniciaría el cambio.

AS: Claro, por este camino todos terminamos siendo fichas que hay que usar, de tal manera que funcione el juego, y como en todo juego, lo importante es el juego y no las fichas. Por eso, en contraste, *lo que proponemos es una educación en la cual lo que importe sea el ser humano, en la cual el ser humano sea el principio, el medio y el fin*, y no como lo decíamos, una ficha que sea utilizada para el beneficio de unas minorías. Una educación que empiece con tratar de establecer cuáles son las relaciones más apropiadas de cada ser humano con sus semejantes, con las ideas, con la naturaleza, con la propiedad y, en fin, con el universo; y además, que las esté revisando permanentemente: eso es lo que entendemos como el florecimiento del ser humano...

CV: Esa es la idea. Pero para eso tienen que darse cuenta del obstáculo que son las *IIEEMM* tanto para ver esto como para ponerlo en práctica. Pero bueno, hay que darse cuenta que el camino es tan importante como el fin. En un sentido muy profundo, el camino es más importante.

AS: Y desde esa perspectiva, si cada uno empieza a razonar por sí mismo y empieza a buscar qué es lo importante y qué es lo secundario, en función del bien de sí mismo y de la humanidad entera, no de uno u otro grupo, se empezaría a generar una educación, no para acomodarse al statu quo, sino *para que cada uno alcance su máxima expresión,* no en el sentido actual del éxito ligado con el dinero, el poder, o el lograr la satisfacción de los deseos, sino *una expresión de sí mismo que a la vez contribuye a la realización de todos los demás.*

CV: Es, sencillamente, buscar que cada quien logre hacer lo máximo de sí mismo, dentro del conglomerado y precisamente en beneficio de todos; entonces, cada quien encuentra su lugar, y si todos hacen lo que les gusta y lo hacen bien y honradamente, qué importa que se gasten su tiempo en lo que quieren. Al fin y al cabo, todos terminamos intentando sacarle tiempo a las cosas que nos toca hacer y que no queremos hacerlas, para hacer las que nos gustan, y por eso todo el mundo persigue el dinero, para que les dé esa licencia; pero terminan atrapados, primero, tratando de conseguirlo y luego, si es que lo obtienen, tratando de cuidarlo y aumentarlo.

AS: Exacto, y nuestra sencilla propuesta educativa, así no se valore en nuestra época, podrá ser valorada en otra; de lo contrario, estaremos en ese círculo vicioso que podríamos denominar *la tragedia de la humanidad,* que *es producto de una educación que*

*en gran parte se limita a enseñar qué pensar y no cómo pensar,
que se reduce a implantar en la mente de los alumnos los valores
existentes y no a despertar su inteligencia y a armonizar sus escalas de valores con las de los demás.*

CV: El problema es que no sólo en la situación actual, sino prácticamente a través de la historia, precisamente por efecto de las
IIEEMM, sus tautologías, dobles juegos, daltonismo conceptual,
y de criterio y acción, ni los individuos ni las sociedades tienen
elementos para juzgar ni para resolver sus problemas y, como
ya lo decíamos, por esto precisamente, hasta cuando buscan e
implementan soluciones, todo lo que hacen es reforzar y agravar
los problemas.

AS: Sí, es algo aparentemente incoherente, como lo que dice
Savater: "…el esfuerzo por educar a nuestros hijos mejor de lo que
nosotros fuimos educados encierra un punto paradójico, pues da
por supuesto que nosotros –los deficientemente educados– seremos
capaces de educar bien".[12]

¿Qué es educar bien?

CV: Y ahí viene la pregunta de siempre: *¿Qué es educar bien?*
¿Acaso se trata de "transmitir" las técnicas de trabajo y las normas de comportamiento, la disciplina y la moral existentes en el
grupo? Eso se ha hecho desde siempre; quizás lo que varía sea la
actitud que se tiene con respecto a ellas, pues algunas comunidades les dan un carácter casi sagrado que dificulta los cambios o
correcciones, haciendo las innovaciones muy lentas, por no decir
que casi imposibles. A éstas, algunos las denominan "sociedades
primitivas", lo que en realidad no pueden ser, puesto cualquiera

---

12.   Savater, Fernando. *El valor de educar*. Ed. Ariel, Barcelona,
       1991. Pág. 11

tiene cuando menos 30.000 años de vigencia y búsqueda de formas de organización propias, aunque no faltará quien le ponga 100.000 o 200.000 años a la diferenciación de las culturas. A propósito de *¿Qué es educar bien?*, leí un libro de una señora norteamericana, Nel Noddings,[13] que me impresionó mucho.

AS: ¿Quién es ella?

CV: Ella es matemática y trabajaba en educación matemática. Empezó a ver que la educación matemática es muy importante, pero que la educación en cuanto a formación moral en los niños y las niñas es más importante.

AS: ¿hay algo en lo que coincidamos con ella?

CV: Ella dice que el cuidado por los animales, por las plantas, por las personas que sufren, por los niños, es como una adquisición biológica, genética de las personas, y que lo vemos en los niños y en todo el mundo.

AS: ¿En donde trabaja? ¿Cómo se puede ilustrar esto?

CV: Está ahora en la Universidad de Columbia en Nueva York. Para expresarlo mejor, pensemos en lo que sentimos al tratar de proteger un niño al que lo va a coger un carro, o cuando empezamos a sentirnos mal porque un niño se cayó y se golpeó, o está herido, etc., a eso ella lo llama el *cuidado natural* y ese *cuidado natural es la base de la moral.*

AS: ¿Cómo así?

---

13. Noddings, Nel. *Starting at home*. University California Press, Berkeley, 2002.

CV: Se vuelve ya moral explícitamente en el momento en que uno ya no lo haga espontáneamente, sino que tenga que forzarse un poquito para decir: "A pesar de que esta persona me repugna, pero está herida o está mal, o a pesar de que este perrito esté sucio y me repugne, ¿cómo lo vamos a dejar ahí tirado?" Ella dice que *en ese momento se pasa del cuidado natural que viene con nuestra genética al cuidado ético, en donde ya tenemos que hacer un poquito de fuerza de voluntad para hacerlo...*

AS: Eso creo que nos ocurre a los adultos cuando ya esa sensibilidad se nos ha deteriorado por la realidad, o por lo que nos dicen que es "la realidad".

CV: Ella dice que no se puede pensar que haya una fundamentación filosófica o teológica de la moral, de la cual se puedan deducir principios de cuidado por el otro. Lo que sí hay, es la necesidad de extender el cuidado que surge de ese cariño, de esa sensibilidad que uno tiene espontáneamente, a los casos en que ya haya que hacerlo por deber, porque realmente vemos que lo debemos hacer y que tenemos que ser coherentes con eso. Esa parte también me ha llamado mucho la atención, porque sí muestra que el asunto de decir que la violencia o la agresión o la rapiña es innata pues...

AS: ...no es cierto...

CV: Yo también creo que no lo es, aunque podemos ver que tiene algún asidero, pues se puede decir que hubo un periodo de la humanidad en el cual, por escasez de recursos o superpoblación o lo que se quiera, aparece la posibilidad de que, en cierto momento de la vida de los jóvenes o de todos los hombres, la sociedad piense que es mejor que repriman ese cuidado espontáneo y se dediquen a la guerra y al pillaje. Llevamos quién sabe cuántos miles de años en eso, pero eso no es natural...

AS: Eso es forzado.

CV: Es cultivado por ciertos grupos que perpetúan ese tipo de culto al guerrero y a la muerte, al castigo y a la sangre, que en el fondo a todos nos repugna. Pero las IIEEMMCC parecen ser más fuertes que esa repugnancia. Creo que se podría trabajar más sobre ese punto.

AS: Creo que es por ahí y me gusta mucho lo que dice en el sentido de que eso cambia totalmente lo que mucha gente cree, porque la pregunta que se hace la gente es, ¿la violencia es innata?, ¿la competencia es innata?, y la respuesta que estamos dando es la contraria: *lo que es innato es la necesidad del cuidado del otro*. Ya lo habíamos mencionado en cuanto a cuál fue la pista que sirvió para que nos convirtiéramos de Australopitecos en humanos. Eso fue cuando empezaron a cuidar los hijos de los otros…, cuando pasaron del cuidado de sus genes, al cuidado de los genes de los otros. Pero precisamente por este caso y volviendo a Noddings, no estoy seguro que *el cuidado sea como una adquisición biológica, genética de las personas…*

CV: ¿Cómo así?

AS: Es que eso es muy difícil de demostrar. Mas bien creo que el cuidado por los animales, por las plantas, por las personas que sufren, por los niños, es como una adquisición cultural con raigambre biológico, o genético de las personas, y eso lo podemos constatar en todo el mundo, no solo en los seres humanos, sino incluso en los animales y algunos afirman que incluso en las plantas.

Uno es producto del cuidado

CV: Claro que el cuidado está prácticamente en nuestros genes.

AS: Sí, pero especialmente el cuidado de aquellos que provienen de nuestros propios genes. Pero de ahí no se desprende *el respeto y el cuidado por los demás,* que es lo que nos interesa como humanos y, en especial, desde el punto de vista educativo, y que además creo yo que es lo más importante. Cuidar de los propios o de los próximos es más natural; otra cosa es de los no tan próximos por no decir de los lejanos o distantes. De ahí la importancia del caso de que los Australopitecos hayan empezado a cuidar los hijos de los otros en su proceso de convertirse en humanos.

CV: Cierto.

AS: Por eso, nosotros simplemente estamos diciendo: si usted quiere, podrá ver lo que es obvio. *Uno no existiría, no sería, si no fuese por el cuidado que le brindaron para que se desarrollara, y por tanto –y para abreviar– podemos decir que uno es producto del cuidado.* Pero no sólo del cuidado de los próximos sino de los lejanos.

CV: ¡Exacto!

AS: Y esa es la típica experiencia que tenemos todos los seres humanos por generaciones y generaciones, la de estar cuidándonos mutuamente unos a otros. Y esto se presenta en absolutamente todas las sociedades. Sin ese cuidado no hubiéramos llegado a ser lo que somos; *somos producto del cuidado y no sólo parecemos estar dispuestos en todos los sentidos para tal función, sino que nos gusta hacerlo; prácticamente esta función le da sentido a nuestras vidas,* dependemos de esa sensibilidad... quizá por la crianza misma, quizás a través de una relación espejo...

CV: Pero parecemos no ser concientes de esto.

AS: A través de la vida cotidiana, de la "lucha diaria", de la educación, parece que logramos esa inconciencia...

CV: Claro, al punto que propuestas como la de Noddings y de otros nos lo deben recordar.

AS: Y, precisamente, la insistencia en que para brindar la mejor educación posible a todo nivel, se debe tener en cuenta permanentemente que los educadores y educandos no pueden perder de vista en su cotidianidad, que todos los conocimientos, todas las disciplinas, profesiones, todas las actividades humanas, *tienen como fin primordial el bienestar de todos los seres humanos.*

CV: Y ese me parece que es un importante aporte a la formación integral de los educandos, el tener claro que muchos de los problemas que hoy tenemos podrían ser más llevaderos o solucionarse siendo conscientes de esto.

Referencias bibliográficas

Bollier, D. (2002). *Silent Theft*. New York: Routledge.

Bustamante, E. (1993). *La naturaleza del hombre*. Bogotá: Nuevo Rumbo Editores. Pág. 228.

Carretero, M. (1996). *Construir y enseñar las ciencias experimentales*. Buenos Aires, Argentina: AIQUE grupo editor S.A.

CAMBIO. Revista semanal. Bogotá, 10 de junio de 2002, p 30.

CAMBIO. Revista semanal. *La patria amada distante*. Bogotá, 26 de mayo de 2003, Pág. 47.

Castañeda, C. (1972). *Viaje a Ixtian*. México: Fondo de Cultura Económico.

De Mello, A. (1996). *Cuerpo y alma en oración*. Bogotá: Ediciones Paulinas.

Dewey, J. (1964). *Naturaleza humana y conducta*. México: Fondo de Cultura Económica. Pág. 13.

Diario EL TIEMPO. *Descubren gen vinculado a la depresión, abriendo la puerta a nuevos fármacos*. Bogotá, Colombia, 5 de Febrero 2003. Págs.1-12.

Diario EL TIEMPO. Suplemento CUNDINAMARCA. Bogotá, Colombia. Sábado 12 de abril de 2003, Circula con el No. 364.

Eccles, J. C. y Zeier, H. (1985). *El cerebro y la mente*. Barcelona: Editorial Herder.

Fischman, W., Solomon, B., Greenspan, D. y Gardner, H. (2004). *Making Good*. Cambridge, Massachusetts: Harvard University press.

Fisher, H. (1994). *Anatomy of Love: The Natural History of Monogamy, Adultery and Divorce*. New York: Ballantine Books.

Fukuyama, F. (1995). *Confianza*. Buenos Aires: Editorial Atlántida, p. 386.

Gardner, H. (1982). *Art, Main and Brain*. New York: Basic Books.

__________ (1987). *La nueva ciencia de la mente*. Barcelona: Ediciones Paidós.

__________ (1991). *To Open Minds*. New York: Basic Books.

__________ (1993). *Creating Minds*. New York: Basic Books, a Division of Harper

Collins Editions.

__________ (1995). *Leading Minds*. New York: Basic Books.

________ (1997). *Extraordinary Minds*. New York: Basic Books.

________ (1998). *Mentes creativas*. Barcelona: Ediciones Paidós.

________ (2001). *Good Work*. New York: Basics Books.

________ (2004). *Changing Minds*. Boston, Massachusetts: Harvard Bussines School Press.

Hazelwood, R. & Michaud, S. G. (2001). ST. Martin´s Press, New York.

Heller, A. (1999). *Una filosofía de la historia en fragmentos*. Barcelona: Ediciones Gedisa.

Jakayar, P., Bohm, D., Webwr R. y otros, en relación con Krishnamurti (1993). *Dentro de la mente*. Buenos Aires: Editorial KIER, S.A.

Katz, M. S., Noddings, N. y Strike, K. A. (1999). *Justice and Carring*. New York: Teachers Colleges Press, Columbia University.

Krishnamurti, J. (1999). *Reflexiones sobre el ser*. Buenos Aires, Argentina: ERREPAR, S.A.

________ (1999). *Individual & Society*. California: Krishnamurti Foundation of America, Ojai.

________ (2000). *El libro de la vida*. Barcelona: Editorial EDAF S.A.

Montenegro, A. y Posada, C. E. (2001). *La violencia en Colombia*. Bogotá, Colombia: Alfaomega S.A.

Noddings, N. (1992). *The Challenge to Care in Schools*. New York: Teachers Colleges Press, Columbia University.

Noddings, N. (2002). *Starting at Home.* Los Ángeles, CA: University of California Press.

Perkins, D. (1995). *Smart Schools.* New York: The Free Press.

Los autores

Alfonso Suárez Gómez

Físico, Magister Scientiae en Física U.N., Profesor titular U. Distrital, Decano de la Facultad de Ciencias y Educación de la U. Distrital en el período 2006-07. Durante los últimos treinta años ha venido investigando ¿Qué es lo que nos hace actuar como lo hacemos?, y ¿Cómo se pueden lograr los cambios y transformaciones tanto en los individuos como en las colectividades? Director y cofundador de la *Especialización en Docencia de las Ciencias Naturales y las Matemáticas U. Javeriana,* la cual ha sido el laboratorio por definición de este trabajo y sus estudiantes sujetos de esta investigación.

Carlos Eduardo Vasco Uribe

Filósofo, teólogo, Magíster en física, y Ph.D. en matemáticas; activista, durante 20 años, en barrios nororientales de Bogotá y asesor del CINEP. Profesor emérito de la Universidad Nacional. Actualmente es profesor del Doctorado en educación de la Universidad Distrital. Desde 1999 se encuentra como Visiting Scholar en la Universidad de Harvard en donde ha sido profesor visitante desde 1985 en varias ocasiones. Fue asesor del Ministerio de Educación durante los 20 años de la renovación curricular (1974-94); coordinó la misión de los sabios en 1993-94 y editó los siete tomos de los documentos de esa misión. Cofundador de la *Especialización en Docencia de las Ciencias Naturales y las Matemáticas U. Javeriana.* Premio Nacional de Educación Francisca Radke 2007-008 Categoría: Exaltación a una vida dedicada a la educación. Premio Simón Bolívar, Orden Gran Maestro 2008 del Ministerio de Educación Nacional, por su amplia y reconocida trayectoria en la enseñanza y por su compromiso en participar en los procesos de mejoramiento de la calidad de la educación nacional.

www.ingramcontent.com/pod-product-compliance
Lightning Source LLC
LaVergne TN
LVHW041319200726
843509LV00009B/547